선생님,
건축이
뭐예요?

선생님, 건축이 뭐예요?
제1판 제1쇄 발행일 2020년 8월 1일
제1판 제6쇄 발행일 2022년 5월 15일

기획 | 책도둑(김민호, 박정훈, 박정식)
글 | 서윤영
그림 | 김규정
디자인 | 이안디자인
펴낸이 | 김은지
펴낸곳 | 철수와영희
주소 | 서울시 마포구 월드컵로 65, 302호(망원동, 양경회관)
전화 | 02-332-0815
전송 | 02-6003-1958
전자우편 | chulsu815@hanmail.net
등록 | 제319-2005-42호
ISBN 979-11-88215-48-5 73540

ⓒ 서윤영, 김규정 2020

* 이 책에 실린 내용 일부나 전부를 다른 곳에 쓰려면 반드시 저작권자와 철수와영희 모두한테서 동의를 받아야 합니다.
* 잘못된 책은 출판사나 처음 산 곳에서 바꾸어 줍니다.
* 철수와영희 출판사는 '어린이' 철수와 영희, '어른' 철수와 영희에게 도움 되는 책을 펴내기 위해 노력합니다.

어린이제품 안전특별법에 의한 기타 표시사항
제품명 도서 | **제조자명** 철수와영희 | **제조국명** 한국 | **전화번호** (02)332-0815 | **제조연월** 2022년 5월 | **사용연령** 8세 이상
주소 04018 서울시 마포구 월드컵로 65, 302호(망원동, 양경회관)
주의사항 종이에 베이거나 긁히지 않도록 조심하세요. 책 모서리가 날카로우니 던지거나 떨어뜨리지 마세요.

글 서윤영 | 그림 김규정

철수와영희

머리말

소망을 담는 '건축'과 꿈을 이루는 '건축가'

어릴 때 우리 집에 이모도 함께 살았어요. 그런데 어느 날부터 이모가 예쁜 옷을 입으면서 멋을 부리는 것 같더니 부쩍 외출하는 횟수가 잦아졌어요. 이모가 어디를 가는지 궁금해서 하루는 막 떼를 쓰면서 따라가겠다고 했지요. 할 수 없이 이모는 나를 데리고 갔는데, 도착한 곳은 어느 다방이었고 젊고 멋진 아저씨가 기다리고 있었어요. 아저씨는 테이블 위에 무언가를 잔뜩 늘어놓고 있었어요. 그것은 성냥개비로 만든 복잡한 도형이었어요. 아저씨는 나를 보고 반갑게 인사를 했지만 나는 그 도형만 바라보았어요. 짙은 갈색의 테이블 위에 흰색의 성냥개비로 만든 복잡한 그 도형은 무엇이었을까요. 아저씨는 얼마 후 이모와 결혼해서 이모부가 되었고, 방 2개짜리 신혼집에 살면서 아이를 낳아 키웠어요. 이모부가 테이블 위에 성냥개비로 만든 도형은 방 2개, 거실 하나, 주방 하나로 이루어진 조그만 집이었어요. 또한 초등학교 1학년이던 내가 처음으로 접한 건축의 세계이기도 했고요. 물론 이모부는 건축가가 아니었고 그 도형대로 집을 짓지도 않았어요.

건축은 어쩌면 꿈을 꾸며 소망을 가지고 미래를 그려 보는 게 아닐까 하는 생각이 들어요. 여자 친구나 남자 친구를 기다리면서 만약 결혼한다면 어떤 집이 좋을까 생각해 보는 것, 또는 내가 이다음에 살고 싶은 집을 도화지에 그려 보는 것, 이는 누구나 한 번쯤 해 보는 일이지요. 건축가가 아니어도, 건축에 대해 자세히 알지 못해도 "나는 이다음에 이런 집에서 살고 싶다"는 꿈을 간직하고 있을 거예요. 바로 그렇게 살고 싶은 집을 생각해 보는 것, 미래에 대한 소망을 가져 보는 것이 건축이라고 할 수 있어요. 그리고 그 꿈을 실제로 이루게 해 주는 사람이 건축가라고 하겠지요. 테이블 위에 성냥개비로 지어 보았던 집, 종이 위에 색연필로 그려 보았던 예쁜 집을 실제로 지을 수 있게 해 주는 사람이 건축가예요. 그리고 이 책은 바로 그 건축과 건축가에 대한 이야기예요. 그럼 이제부터 좀 더 자세히 알아볼까요?

서윤영 드림

머리말 : 소망을 담는 '건축'과 꿈을 이루는 '건축가'……… 4

건축이 뭐예요?

1. 건축이 뭐예요?_____12
2. 건축가는 무슨 일을 해요?_____14
3. 건축가가 되려면 어떻게 해야 해요?_____17
4. 대학을 가지 않고 건축가가 되는 방법은 없나요? _____21
5. 건축 설계는 어떻게 해요?_____24
6. 건물을 세우려면 어떤 사람들이 있어야 하나요?_____28
7. 모든 건축을 건축가 혼자 하나요?_____32
8. 세계의 유명한 건축가는 누구예요?_____35
9. 르코르뷔지에와 다르게 생각한 건축가는 없나요?_____40

 ## 집이 왜 필요해요?

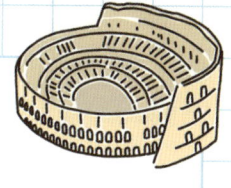

10. 집이 왜 필요해요?_____46
11. 최초의 집은 어떻게 생겼어요?_____49
12. 고대의 유명한 건축물은 뭐예요?_____52
13. 피라미드는 어떻게 세워졌어요?_____57
14. 피라미드와 비슷한 건축물이 또 있나요?_____61
15. 로마는 왜 콜로세움을 지었어요?_____64
16. 중세 시대에 왜 훌륭한 성당을 지었어요?_____67
17. 베르사유 궁전을 왜 화려하게 지었어요?_____70

 ## 한옥이 뭐예요?

18. 어떤 집을 한옥이라고 하나요?_____76
19. 한옥과 양옥의 차이점이 뭐예요?_____78
20. 우리나라의 집은 어떻게 발전했나요?_____81
21. 조선의 양반집은 어떻게 생겼어요?_____84
22. 전통 주택은 지역마다 서로 다른가요?_____88
23. 건축과 관련된 신도 있나요?_____92
24. 개량 한옥이 뭐예요?_____96

4 아파트가 뭐예요?

25. 최초의 아파트는 어디서 시작되었나요? _____102
26. 유럽에서는 아파트가 언제 지어졌나요? _____106
27. 아파트라는 말은 어디서 왔나요? _____109
28. 해방 이후 우리나라 최초의 아파트는 어디인가요? _____112
29. 다세대 주택과 다가구 주택이 뭐예요? _____115
30. 재개발과 재건축의 차이가 뭐예요? _____118
31. 재개발과 재건축이 좋은 거예요? _____120

5 동물도 건축을 하나요?

32. 동물도 건축을 하나요? _____126
33. 프레리도그는 왜 지하에 굴을 파고 집을 지을까요? _____129
34. 비버는 왜 개울이나 강 가운데에 집을 짓나요? _____132
35. 새들은 집을 어떻게 짓나요? _____135
36. 개미와 벌은 어떻게 집을 짓나요? _____138
37. 동물이 지은 집을 왜 알아야 해요? _____141

1 건축이 뭐예요?

1. 건축이 뭐예요?

여러분은 지금 이 책을 어디에서 읽고 있나요? 학교나 도서관, 아니면 집이겠지요. 여러분이 가장 자주 가는 장소나 좋아하는 장소는 어디인가요? 학원이나 친구 집, 교회나 성당, 박물관이나 미술관, 엄마와 함께 가는 마트나 백화점 등일 거예요. 이 모든 곳은 건물이라는 공통점이 있어요. 즉 사람이 인위적으로 만든 환경이라는 거예요. 우리는 자연환경이 아닌 건물 속, 다시 말해 인위적으로 만든 환경 속에서 살아가요. 주말이면 등산을 가고 캠핑을 가겠지만, 그것은 어쩌다 한번 가는 것이지 1년 내내 산속이나 강가에서 살지는 않아요.

사람은 평생을 건물이라는, 인위적으로 만든 환경 속에서 살아가는데, 이를 건조 환경(建造環境)이라고

해요. 사람이 만들어 낸 공간이라는 뜻이지요. 이러한 건조 환경에서 우리 생활을 더 편리하고 안전하게 만드는 것이 건축이에요.

건조 환경에는 크고 멋진 건물만이 아니라 지하철역, 도로와 횡단보도, 광장, 공원 벤치 등이 모두 포함돼요. 그러므로 사람은 태어나서 죽을 때까지 건조 환경 속에서 살아가고, 바로 그런 건조 환경을 만드는 것이 건축이에요.

자연을 변화시켜 건조 환경을 만드는 이유는 우리 생활을 더 편리하고 안전하게 하기 위해서예요. 여름엔 햇볕이 따갑고 겨울엔 날씨가 춥고 바람이 많이 불어요. 비나 눈이 올 때도 있고요. 더위와 추위, 눈과 비바람을 막으려면 집을 지어야겠지요? 또한 불을 피워 집 안을 따뜻하게 해야 하고요. 집을 지어 춥거나 덥지 않고 비바람을 막아 주어 안전하게 살 수 있도록 하는 것, 다시 말해 인위적으로 건조 환경을 만들어 우리 생활을 향상시키는 것이 건축이에요.

2. 건축가는 무슨 일을 해요?

　건축에 관계된 일을 하는 사람을 모두 건축가라고 할 수 있지만, 거기에는 몇 가지 종류가 있어요. 로봇을 만들기 위해서는 그걸 설계하는 박사님이 있듯, 집을 짓기 위해서는 설계도를 그리는 사람이 제일 중요해요. 대문을 어느 쪽에 낼지, 몇 층으로 할지, 방을 몇 개 만들지를 모두 결정해서 설계도를 그리는 것을 건축 설계라고 해요. 그리고 이를 담당하는 사람이 건축사예요. 그 설계 도면을 받아서 실제로 집을 짓는 것을 시공이라고 해요. 아이가 태어나려면 엄마 아빠가 있어야 하고 그 역할이 서로 다르듯이, 집을 지으려면 설계를 하는 사람, 시공을 하는 사람이 있어야 해요. 땅을 파서 기초 공사를 하는 작업부터 시작하여 공사 현장에서 실제로 일하는 사람을 시공 기술자라고 해요. 시공을 담당하고 책임지는 사람이 기술사예요.
　설계와 시공은 집을 짓는 데 가장 중요한 일이어서 아무나 할 수 없어요. 자격증이 있는 사람만 할 수 있는데, 그 자격증은 국가에서

관리해요. 우선 대학에서 건축 공부를 하고 설계 사무소나 건설 회사에 들어가 몇 년간 실제 경험을 쌓은 후 국가에서 치르는 시험을 거쳐 합격한 사람에게만 건축사와 기술사 자격증을 주어요. 그 건물에 대해 끝까지 책임을 지는 사람이기 때문이에요.

의사는 사람의 목숨을 살리거나 죽일 수도 있어요. 처방을 잘못

내리거나 수술 중 실수를 하면 그 사람이 더 큰 병에 걸리거나 죽을 수도 있으니까요. 재판을 하는 판사와 검사도 만약 판단을 잘못하면 죄 없는 사람이 교도소에서 몇 년을 보내거나 심지어 사형될 수도 있어요. 그래서 의사나 판사, 검사처럼 사람의 생명을 다루고 사람을 평가하는 중요한 직업의 자격증은 나라에서 엄격히 관리하는 거예요.

건축도 마찬가지예요. 집을 잘못 지어서 무너지면 그곳에 살던 사람들이 죽거나 다쳐요. 의사나 판사, 검사는 한 번에 한 사람만 수술을 하거나 재판을 하지요. 그래서 만약 수술이나 재판을 잘못해도 그 한 사람만 죽어요. 하지만 건축은 훨씬 규모가 커서 대형 건물에는 몇십 명이나 몇백 명이 살아요. 건물이 무너지면 그 안에 있던 사람들이 한꺼번에 죽는 거예요. 그래서 건축 설계를 하는 건축사, 건물을 직접 짓는 기술사는 자격증이 있어야 하며, 그 자격증을 국가에서 엄격히 관리해요.

그 외에도 건축에 관해 다른 여러 가지 일이 있어요. 대학에서 건축을 가르치는 교수님, 인테리어를 담당하는 사람, 건축에 대한 책을 써서 소개하는 사람 등도 있어요. 이렇게 건축에 관련된 일을 하는 사람을 모두 건축가라고 말해요. 그중에서 가장 중요한 일이 건축 설계인데, 대개 건축가라고 하면 건축 설계를 하는 건축사를 말하는 경우가 많아요. 그만큼 설계가 중요하다는 뜻이겠지요.

3. 건축가가 되려면 어떻게 해야 해요?

거리를 걷거나 외국 도시에 나가 보면 멋진 건물이 많아요. 그렇게 멋진 건물을 설계하는 건축가가 되고 싶으면 어떻게 해야 할까요?

우선 대학의 건축학과나 건축공학과에 입학해 공부를 해야 해요. 건축학과는 장차 건축 설계를 하려는 학생들이, 건축공학과는 시공을 하려는 학생들이 주로 가지요. 그런데 서로 겹치는 부분이 많아서 어느 학과를 가든 괜찮고, 요즘은 건축학과와 건축공학과가 합쳐진 곳도 많아요. 열심히 공부하면서 어느 쪽에 더 적성이 맞는지 천천히 생각해 보고 졸업할 무렵 진로를 결정해도 돼요. 물론 공부를 더 해 보고 싶으면 대학원이나 유학을 갈 수도 있고요.

건축가가 되고 싶으면 무엇을 해야 할까요? 피아니스트가 되고 싶은 친구는 피아노를 열심히 배우죠. 축구 선수가 되고 싶은 친구는 축구 교실에 다니고요. 모두들 일찍부터 준비를 하지요. 그럼 건축가가 되고 싶으면 어떻게 해야 할까요? 지금 당장 시작할 필요는 없어요. 학교 생활을 열심히 하면서 모든 공부를 골고루 잘하는 것이 중요해요.

　건축은 어느 한 가지 분야만 중요한 것이 아니라 모든 면을 골고루 갖춘 종합 학문이에요. 우선 건물이 절대 무너지지 않아야 하기 때문에 공학적인 면이 중요해요. 그러자면 수학을 열심히 공부해야겠지요. 또한 유리와 철, 콘크리트, 벽돌, 나무 등과 같은 건축 재료들의 성질을 잘 알아야 하므로 물리와 화학도 공부해야 해요. 무엇보다 멋진 건물을 짓자면 미술도 잘해야 해요. 우리가 밥을 먹을 때 편식을 하지 않고 골고루 먹어야 몸이 건강해지듯 모든 과목을 두루두루 공부하는 것이 중요해요.

　그리고 방학 때는 여행을 다니면서 멋진 건물을 보면 사진을 찍거나 그림으로 그려 두고 자신의 감상을 써 놓으면 좋아요. 그것은 책을 읽고 독서 감상문을 쓰는 것과 비슷한 일이어서 그 건물에 대해 더 깊이 생각할 수 있는 기회가 된답니다. 박물관이나 미술관에서 열리는 건축 전시회에 구경을 가는 것도 좋은 경험이고요. 또한 멀리 가지 않더라도 우리 주변의 건축물에 관심을 가지는 것도 좋아요. 학교 건물에서 혹시 불편했던 점이 있나요? 교실과 급식실이 너무 멀어서 오고 가는 데 시간이 많이 걸렸다든가, 교실이 음악실 바로 옆에 있어서 음악 소리가 시끄러웠던 적이 있나요? 학교 건물의 계단 높이가 높아서 1, 2학년 동생들이 힘들어하는 모습을 본 적이 있나요? 아파트 단지 안에서 유치원에 다니는 어린 동생들이나 걸음

건축은 종합 학문이에요. 공학적인 면이 중요하므로 수학을, 건축 재료의 성질을 알아야 하므로 물리와 화학을 공부해야 해요. 또 멋진 건물을 지으려면 미술을 잘해야 해요.

이 느린 할아버지 할머니 들이 불편해하는 점은 없었나요? 이런 문제들을 찬찬히 살펴보는 것도 좋아요.

건축은 아름다운 것도 좋지만 우리 생활을 편리하게 해 주어야 해요. 불편했던 점이나 고쳤으면 하는 점들을 적어 두면 나중에 건축가가 되었을 때 더 좋은 설계를 할 수 있어요.

어느 훌륭한 건축가가 있었는데 그가 짓는 집들은 환기와 채광이 잘되었어요. 그 건축가가 설계한 집에 살면서 단 한 사람도 환기나 채광 때문에 불편을 겪지 않았어요. 사실 그 건축가는 젊었을 때 결핵을 앓은 적이 있어요. 결핵은 예전에는 고치기 힘든 무서운 병이었어요. 또 다른 사람에게 옮는 전염병이어서 먼 시골로 요양을 떠나곤 했지요. 병을 고칠 만한 변변한 약도 없어서 의사는 햇빛 좋은 곳에서 지내면서 맑은 공기를 마시라고 말해 주는 것이 전부였어요.

건축가는 결핵 때문에 시골에서 지내면서 사람이 살아가는 환경이 얼마나 중요한지, 건물에서 채광과 환기가 얼마나 가치가 있는지 깨달아요. 다행히 병이 나아 그는 건축가가 되었고, 집을 지을 땐 채광과 환기를 가장 중요시하게 되었어요. 젊은 시절 크게 앓았던 경험, 가장 불편했던 점이 나중에 그를 훌륭한 건축가로 만들었지요. 그러니까 장차 건축가가 되려는 친구들은 지금 주변 환경에 대해 찬찬히 생각해 보는 것이 좋겠지요.

4. 대학을 가지 않고 건축가가 되는 방법은 없나요?

대학을 가지 않았지만 건축가가 되고 싶으면 건축 기사 자격증을 따는 방법이 있어요. 고등학교를 졸업한 뒤 건축 관련 회사에 들어가 4년 정도 건축 관련 일을 했다거나 학점 은행제를 통해 건축과 관련된 공부를 했다면 건축 기사 자격증 시험을 치를 수 있어요. 여기서 합격하면 건축 기사가 되어 설계 사무소나 건설 회사에 들어가 건축가로 일을 할 수 있어요. 그런데 건축사 자격을 얻으려면 대학이나 대학원에서 건축 관련 공부를 해야만 해요. 그래야 건축사 시험에 응시할 자격이 주어지기 때문이에요.

대학을 가지 않고 훌륭한 건축가가 된 사람이 일본의 안도 타다오예요. 그는 어린 시절 가정 형편이 좋지 않아서 대학을 가지 못하고 공업 고등학교를 졸업한 후 목수로 일했어요. 그러다가 빨리 돈을 벌려고 트럭 운전사와 권투 선수를 한 적도 있어요. 하지만 건축가가 되고 싶었던 그는 유럽을 여행하면서 그리스 신전, 유럽의 성당과 궁전 등을 직접 찾아다니며 스케치를 하고 공부를 했어요. 다른 학생들은 그 시간에 대학의 강의실에 앉아 그림과 책으로만 배우는 건축물을 그는 직접 찾아가서 보고 배운 거지요. 이는 그가 훌륭한 건축가로 성장할 수 있는 밑거름이 되었어요. 우리나라에도 그가 설계한 건축물이 있는데 제주도의 '지니어스 로사이 박물관'이에요. 지니어스 로사이란 땅의 정령이라는 뜻인데, 바람이 많이 부는 제주도의 특성을 살려 땅 위가 아니라 땅을 파고 지은 건축물이에요.

한편 대학에서 다른 과목을 공부한 후에라도 건축가가 되는 방법이 있어요. 대학을 졸업한 뒤 대학원 건축학과에 입학해 공부하는 방법이에요. 대학원에 따라서 비전공자의 대학원 입학을 허용하는 곳도 있고 그렇지 않은 곳도 있으니까 미리 교수님을 찾아뵙고 충분히 상의하는 것이 좋아요. 비전공자로서 대학원 건축학과에 입학하게 되면 대학생들이 배우는 몇 가지 중요한 과목들을 먼저 배워야 해요. 그래서 다른 친구들은 2년 만에 마치는 대학원 과정을 3년간 공부하는 경우도 생기지만, 그만큼 더 많이 공부할 수 있으니까 나쁘지 않아요.

대학에서 다른 과목을 공부했다는 것은 오히려 장점이 될 수도 있어요. 이를테면 대학에서 사학을 공부해서 세계사와 한국사에 대해 잘 알고 있는 사람이 대학원에 입학해서 건축을 공부하게 되었어요. 그는 건축을 공부한 학생보다 유럽의 유명한 궁전과 성당, 우리나라의 사찰과 궁궐에 대해서 더 잘 알겠죠? 이미 그 역사에 대해서 공부를 했으니까요.

혹은 대학에서 생물학을 공부한 후 대학원 건축학과에 입학하면 사람이 아닌 동물이 지은 집, 다시 말해 개미집이나 벌집, 새 둥우리 등에 대해 더 잘 알겠죠. 그리고 그것을 사람이 사는 집에 응용해서 지어 본다면 대학에서 건축을 공부한 사람보다 더 훌륭한 집을 지을 수 있겠죠. 대학에서 다른 과목을 공부한 것은 자신만이 가진 독특한 장점이 될 수 있어요.

대학을 가지 않고 훌륭한 건축가가 된 사람이 일본의 안도 타다오예요. 그는 다른 학생들이 대학의 강의실에 앉아 그림과 책으로만 배우는 건축물을 직접 찾아가서 보고 배웠어요.

5. 건축 설계는 어떻게 해요?

건축 설계라고 하면 커다란 종이 위에 연필로 멋진 집을 쓱싹쓱싹 그리는 모습이 떠올라요. 화가나 예술가 같은 모습이지만 건축가가 그렇게 그림 그리듯이 설계 도면을 그리는 것은 아니에요. 화가는 자신이 그리고 싶은 것이나 자신이 생각하는 바를 나타내려고 그림을 그리지만, 건축가는 자신이 아니라 다른 사람이 살아갈 집을 설계한다는 점에서 달라요. 이때 건축가에게 "우리 가족이 살 집을 지어 주세요, 그 집의 설계를 해 주세요."라고 부탁하는 사람을 건축주라고 해요. 새로 지을 집의 주인이라는 뜻이에요. 그렇다면 실제로 건축 설계를 어떻게 하는지 살펴볼까요?

어느 건축가에게 손

> 한 가족의 삶의 철학을 이 설계도 속에 담아야죠.

님이 찾아와서 할머니, 엄마, 아빠, 그리고 초등학교에 다니는 철수가 사는, 4인 가족을 위한 집을 설계해 달라고 했어요. 집을 지을 땅은 경기도 용인에 있대요. 필요한 방은 할머니 방, 엄마 아빠 방, 철수 방, 서재와 가족실이고, 그림을 그리는 화실도 필요해요. 엄마가 멋진 화가거든요. 이때 철수 가족이 건축주가 되는 것이에요. 그럼 건축가는 건축주의 요구 사항을 잘 기억했다가 그대로 설계해야 해요. 그 전에 우선 건축가는 용인에 있는 땅을 보러 가요. 건축은 도화지 위에 그림을 그리는 것이 아니라 땅 위에 집을 짓는 것이에요. 실제 그 땅이 어디에 있는지, 어떻게 생겼는지 직접 확인해야 해요.

용인에 가 보니 땅은 동남향으로 탁 트였고, 앞쪽에는 차들이 다니는 큰 도로가 있고 뒤쪽으로는 산이 있어요. 그러니 동남향 집을 짓고 마당은 차들이 다니는 앞쪽보다는 뒤쪽에 두는 것이 좋겠어요. 그래야 산으로 둘러싸인 조용한 뒷마당이 될 테니까요. 건축가는 사무실로 돌아와 간단히 스케치를 해요. 우선 1층에는 거실과 서재, 주방, 식당이 있어야겠어요. 할머니 방도 1층에 두는 것이 좋겠어요. 할머니는 무릎이 아프셔서 계단을 오르내리기가 힘들거든요. 2층에는 엄마 아빠 방과 철수 방을 두는 게 좋겠어요. 그리고 화실은 가장 조용한 지하실에 두어야겠

> 꼼꼼하게 원칙을 지키는 시공이 제일 중요하죠.

어요. 엄마가 가족에게도 방해받지 않는 조용한 방을 원했거든요. 이렇게 계획이 세워지면 간단한 설계 도면을 그려 보아요. 지하실과 1층, 2층의 도면을 그리고 집의 앞모습과 옆모습을 그려요. 또한 철수 가족에게 보여 줄 모형도 만들어요. 모형을 만드는 이유는 어린 철수나 할머니도 쉽게 알아볼 수 있게 하기 위해서예요.

 건축가는 철수 가족을 만나 대략적인 스케치 도면을 보여 주어요. 철수도 할머니도 새집을 마음에 들어 했지만 엄마의 표정은 그다지 좋지 않았어요. 그림을 그리자면 충분한 햇빛을 받아야 하는데 지하는 햇빛이 들지 않잖아요. 그래서 화실을 햇빛이 잘 드는 2층으로 옮기고 대신 2층의 철수 방을 1층으로 내려오게 했어요. 철수는 할머니와 가깝게 지내게 되어 오히려 더 좋아했어요. 이렇게 하여 건축주 가족의 마음에 들면 그 설계안대로 다시 정확하고 상세한 설계 도면을 그려요.

 이제 관청에 가서 허가를 받는 일이 남았어요. 집을 지을 때는 아무 건물이나 마음대로 짓는 것이 아니에요. 그 지역에 알맞은 건물인가, 안전하고 튼튼하게 짓는 건물인가를 관청에서 확인하고 허가를 해 주어야 해요. 용인에 짓는 집이니 용인 시청에 가서 허가를 받아야 해요. 마침내 허가가 떨어지면 집을 짓기 시작해요. 건축가는 시공을 담당하는 업자를 선정하고, 땅 파기부터 시작하여 집이 완성될 때까지 직접 현장에서 확인하며 감독해요. 이 작업을 감리라고 해요. 혹시라도 집을 잘못 짓지는 않는지 감독하는 거예요. 몇 달이 걸려 마침내 집이 다 지어졌어요. 하지만 곧바로 이사할 수 있는 것은 아니에요. 처음에 용인 시청에서 허가한 대로 집을 제대로 잘 지었다는 것을 다시 용인 시청에 신고해야 해요. 왜냐하면 처음에는 2층 가정집을 짓기로 해 놓고 막상 공사할 때는 5층짜리 원룸을 짓거나 상가 건물을 지어 술집을 차려 장사를 하면 안 되기 때문이에요. 그 동네는 주택가라서 술집이 들어올 수 없거든요. 이를테면 철수가 엄마에게 책을 사야 한다며 용돈을 받았어요. 그러면 서점에 가서 책을 사야지, 그 돈으로 오락실에 가서 오락을 하거나 군것질을 하면 안 되잖아요. 그래서 엄마는 철수가 정말로 책을 샀는지 확인하는 것처럼, 집을 지을 때도 처음 허가한 대로 지었는지 확인하는 거예요. 이를 준공 검사라고 하며, 준공 검사를 마쳐야 새집으로 들어갈 수 있어요. 철수 가족은 이제 곧 새집으로 이사할 생각에 기뻤어요. 집이 정말 근사했거든요.

 이와 같이 건축주의 부탁을 받아 설계도를 그리고 관청에 허가를 받고 이후 땅을 파 직접 집을 지어 마침내 그 집에 이사하기까지 모든 과정을 책임지는 사람이 건축가예요.

6. 건물을 세우려면 어떤 사람들이 있어야 하나요?

건축가가 아무리 멋진 설계도를 그렸더라도 그것은 그저 종이 위에 그려진 집일 뿐 실제 집은 아니에요. 멋진 설계도가 진짜 집으로 변신하려면 많은 사람의 도움과 협력이 필요해요. 우선 실제로 집을 짓는 시공업자가 있어야 해요. 땅을 파 기초를 다진 뒤 벽체를 올리고 나면 '골조 공사'가 마무리되었다고 말해요. 골조란 건물의 뼈대를 말하는데, 우리 몸의 뼈와 마찬가지로 건물의 전체 모습을 결정하는 가장 중요한 부분이에요. 물론 사람이나 건물이나 뼈만으로 이루어지지는 않지요. 사람이라면 살과 근육이 있고, 얼굴에는 눈, 코, 입이 있고, 몸속에는 간, 심장, 허파, 위장과 같은 내장 기관이 있

집을 지으려면 설계를 하는 건축가와 실제로 집을 짓는 시공업자가 필요해요. 아울러 내장, 전기, 주방, 화장실, 보일러 공사를 하는 전문가와 인테리어, 조경 등 많은 사람의 도움과 협동으로 집을 짓지요.

어요. 마찬가지로 집에서는 사람의 눈에 해당하는 창문이 있고, 코에 해당하는 환기구가 있으며, 입에 해당하는 현관문이 있어요. 그리고 사람 몸 곳곳을 연결하는 핏줄과 비슷한 전기선들이 연결되어야 하고, 식도에서 위장, 소장, 대장, 항문으로 이어지듯 상수도와 하수도가 연결되어야 해요. 가스와 인터넷, 전화선도 연결되어야 하고요. 이처럼 전기, 상하수도, 가스, 인터넷, 전화 등을 집 안에 집어넣는 것을 내장 공사라고 해요. 그러고 보니 우리 몸의 내장과 같은 이름이네요. 물론 한자는 서로 다르지만 사람의 내장과 건축의 내장 공사는 비슷한 면이 많아요. 여기서 끝이 아니에요. 집을 따뜻하게 해 줄 보일러가 있어야 하고, 음식을 만들 주방과 샤워를 할 화장실도 필요해요. 이때 전기 공사를 하는 사람, 주방 공사를 하는 사람, 화장실 공사를 하는 사람, 보일러 공사를 하는 사람 등이 모두 따로 있어요. 중요한 일이라서 각자 전문가가 와서 공사를 하는 거예요.

사람 몸에서 뼈대와 근육과 내장이 갖추어지고 나면 이제 무엇이 있어야 할까요? 온몸을 감싸는 피부가 있어야겠지요. 그 피부에 해당하는 것이 내부 마감 공사예요. 건물의 뼈대는 콘크리트로 지어져 있는데 사람 몸에 콘크리트가 바로 닿으면 안 되잖아요. 그래서 바닥을 깔고 벽체에 도배를 하는 내부 마감 공사가 필요해요. 이것이 끝나면 이제 인테리어라고 해서 실내를 예쁘게 꾸미는데, 이를 내부 치장 공사라고 해요. 뿐만 아니라 외부도 콘크리트가 드러나지 않도록 겉을 감싸는 외부 마감 공사를 해야 해요. 콘크리트 속에는 철근이 들어 있는데 비가 내리면 빗물이 콘크리트 속으로 스며들어 철근이 녹슬 염려가 있기 때문이에요. 외부에 방수 공사를 하고 페인트를 칠하거나 타일을 붙이거나 유리나 다른 재료를 써서 벽면을 감싸는 외부 마감 공사를 해요. 이렇게 안과 밖의 모든 공사가 끝나면 이제는 마당을 가꿀 차례예요. 잔디를 깔고 나무를 심는 것을 조경 공사라고 해요. 이 모든 공사를 다 마쳐야 집이 완성되지요.

  그리고 보니 집 한 채를 짓는 데는 정말 많은 과정이 필요하고 그것을 책임지는 전문가들이 각각 따로 있었어요. 설계를 하는 건축가, 실제 집을 짓는 시공업자는 물론 전기 공사, 상하수도, 화장실과 주방, 보일러, 인테리어, 조경 등등 정말 많은 사람의 도움과 협동으로 집을 짓는 거였어요. 그리고 이 많은 사람이 서로 돕고 상의해서 일을 잘할 수 있도록 책임지는 사람이 건축가예요. 건축가는 설계 도면만 그리는 것이 아니라 한 채의 집이 지어지기까지 처음부터 끝까지 모든 일을 책임져요. 뿐만 아니라 집을 짓기 전에 관청에 가서 건축 허가를 받고 집을 다 지은 후에도 다시 관청에 가서 준공 검사를 받는 것도 건축가의 일이라고 했지요? 그래서 사람들은 건축가를 멋진 직업이라고 생각하는 거예요.

7. 모든 건축을 건축가 혼자 하나요?

집을 한 채 짓기 위해서는 정말 많은 사람의 협동이 필요하다는 것을 알게 되었어요. 그리고 그 모든 과정을 건축가가 담당한다는 것도요. 그렇다면 모든 건축을 건축가가 알아서 하나요? 집보다 규모가 큰 마을이나 도시를 세울 때는 어떻게 하나요?

건축가가 모든 일을 다 하는 것은 아니에요. 마을을 이루려면 마을을 설계하는 사람이 있어야 해요. 또 도로나 다리처럼 마을을 이루는 데 반드시 있어야 하는 도심 기반 시설을 만드는 사람도 있어요. 사람은 혼자서 살아가는 게 아니라 가족과 함께 살아가고, 또한 우리 가족만 있는 게 아니라 다른 가족도 모여서 하나의 사회를 이루지요. 마찬가지로 집도 푸른 풀밭 위에 한 채만 덩그렇게 있는 게 아니라 여러 집이 어우러져 마을을 이루어요. 또는 아파트 단지를 이루고, 그 아파트들이 모여서 하나의 작은 도시를 이루기도 해요. 사람이 많이 살다 보면 동생들이 다닐 유치원도 필요하고 우리가 다닐 초등학교는 물론, 언니 오빠 들이 다닐 중학교와 고등학교도 필요해요. 식당과 편의점 같은 가게도 있어야 하고 병원, 대형 마트, 경찰서, 주민 센터, 체육 시설, 공원, 우체국, 도서관 등 있어야 할 것이 정말 많아요.

더구나 어떤 동네는 주로 아파트만 있는가 하면 어떤 동네는 단독 주택이 많아요. 낡은 집들이 모여 있던 동네가 어느 날 갑자기 헐리더니 새 아파트가 들어서기도 하고요. 이렇게 마을 단위로 어떤 시설을 두어야 할지 계획하고 결정하는 것을 도시 계획이라고 하고, 이를 담당하는 사람들을 도시 계획가라고 해요. 아파트 단지를 설계하는 일은 건축가가 하지만, 그 아파트 단지를 어디에 둘까를 결정하는 일은 도시 계획가가 해요. 건축가보다 더 큰 규모의 계획을 세우는 것이 도시 계획가의 일이에요. 또한 마을과 도시가 들어서려면 도로가 있어야 하고 강을 건널 다리도 있어야 해요. 도로를 만들다 보면 산이 가로막혀 있어서 터널을 뚫어야 할 때도 있어요. 도로나 다리, 터널을 만드는 일은 건축은 아니지만 건축에 꼭 필요한 중요한 일이에요. 그래서 이 일도 설계를 잘하고 무너지지 않도록 잘 지어야 하는데 이 일은 토목 공학가들이 맡아요. 건축가는 도시 계획가나 토목 공학가와 협력해서 일을 하지요.

경기도 파주의 어느 곳에 마을을 하나 만들기로 했어요. 약간 산속에 있는 동네이기는 하지만 조용하고 경치가 좋아서 전원주택 단지를 만들면 좋을 것 같아요. 그러므로 이곳에는 아파트나 고층 건물을 지으면 안 되고 백화점이나 대형 마트처럼 사람이 많이 모이는 시설도 두지 않는 게 좋겠어요. 마을에서 걸어서 30분 정도 나가면 시내에 대형 마트와 극장, 큰 병원이 있으니 괜찮아요. 그 대신에 시내와 마을을 연결하는 길을 새로 만들고 마을버스도 다니게 해야겠어요. 그럼 자동차로 10분밖에 안 걸려요. 그리고 앞으로 이 마을에 사람이 더 많이 살게 되면 경전철도 놓을 거예요. 이 마을에는 우선 200집 정도만 지을 거예요. 주로 은퇴한 할아버지 할머니 들이 살게 될 조용한 마을이에요. 약간 산속에 있다 보니 오르막이 있어서 할아버지 할머니 들이 다니기 힘들 거 같아요. 산을 살짝 깎아서 땅을 좀 더 평평하게 하고 집도 할아버지 할머니 들이 살기 편하게 지어야겠어요. 이와 같이 마을을 계획하는 일은 도시 계획가의 몫이에요. 산을 깎아 땅을 평평하게 하고 시내와 마을을 연결하는 도로를 닦는 일은 토목 공학가가 해요. 그리고 그 마을에 집을 짓는 일은 건축가가 하고요. 나중에 경전철을 놓는다면 지하에 터널을 파서 레일을 까는 일은 토목 공학가가 하고 경전철 내부에 여러 시설을 만드는 일은 건축가가 해요.

   이와 같이 도시 계획가, 토목 공학가, 건축가는 서로 협동해서 일을 해요. 집을 하나 짓는 데도 많은 사람의 협동이 필요했잖아요. 그러니까 마을을 이루고 도시를 계획하는 데는 더 많은 사람의 협동이 있어야 해요.

8. 세계의 유명한 건축가는 누구예요?

프랑스나 영국의 도시를 보면 성당이나 궁전이 화려하고 아름다워요. 그런데 요즘 지어지는 건물은 다들 네모난 박스 형태예요. 예전에 지었던 멋진 건물 대신 요즘은 왜 밋밋한 박스 형태의 건물을 지을까요? 건축 기술이 옛날보다 퇴보했나요? 그렇지 않아요. 건축 기술이 퇴보한 것이 아니라 건축에 대한 생각이 바뀌었기 때문이에요. 예전에는 주로 왕이나 귀족, 부유한 상인처럼 돈과 권세가 있는 사람들을 위해 건물을 지었어요. 건축가는 왕이나 귀족의 지시를 받아 가며 일을 했지요. 그러다 보니 왕의 권위를 자랑하기 위해 화려한 건물을 지었던 거예요. 하지만 20세기에 들어 생각이 바뀌었어요. 건축은 왕이나 귀족의 권위를 자랑하기 위한 것이 아니라 평민이나 일반 국민의 생활과 편의를 위해 지어야 하는 것이라고요.

물론 옛날에도 평민들이 사는 집을 짓긴 했어요. 그런 집은 건축가가 아니라 동네 목수들이 지었어요. 하지만 20세기에 들어서 유명한 건축가들이 평범한 사람들이 사는 주택에도 관심을 가지기 시작했어요. 화려하고 멋진 궁전을 짓는 것보다, 평범한 시민을 위해 살기 편하고 값싸게 지을 수 있는 집이 중요해졌어요. 그래야 많은 사람에게 골고루 혜택이 돌아가니까요.

처음으로 그런 생각을 한 사람은 프랑스의 건축가 르코르뷔지에였어요. 그는 건축에서 쓸데없이 화려한 장식을 없애고 대신 편리하고 유용한 것들을 중요시했어요. 그의 건축에는 몇 가지 특징이 있는데, 우선 땅에 기둥을 세우고 그 위에 건물을 들어 올리는 필로티 공법을 썼어요. 땅이란 한정된 자원이어서, 어느 누구의 개인 소유가 아니라 우리 모두가 공유해야 하는 자원이에요. 그런데 집을 지으려면 반드시 땅이 있어야 하고, 사람들이 자꾸 집을 짓다 보면 결국 땅은 집의 차지가 되고 말잖아요. 그럼 어떻게 해야 할까요? 집을 짓기는 짓되, 땅을 되도록 덜 차지하게 해야지요.

그래서 르코르뷔지에는 1층에 '필로티'라는 커다란 콘크리트 기둥만 세우고 2층 이상에 건물을 올렸어요. '필로티'는 본디 건축의 기초를 받치는 말뚝이라는 뜻이에요. 그 아래 땅은 푸른 잔디밭으로 꾸며 모든 사람이 이용할 수 있게 했어요. 건물 안에 사는 사람들을 위해서는 옥상에 정원을 꾸며 마당으로 이용할 수 있게 했어요. 그 전까지는 지붕이 경사져 있어서 옥상을 이용할 수 없었는데, 르코르뷔지에는 지붕 대신 평평한 옥상을 만들어 정원으로 꾸민 거예요. 또한 신체의 치수를 하나하나 측정해서 방 크기와 천장 높이, 가구

프랑스의 건축가 르코르뷔지에는 근대 건축의 아버지로 불려요. 그는 건축에서 쓸데없이 화려한 장식을 없애고 편리하고 유용한 것들을 중요시했어요. 르코르뷔지에가 개발한 필로티 공법과 모듈 시스템은 지금도 건물을 지을 때 적용해요.

의 치수를 결정하기 위한 모듈러 시스템을 개발했어요. '모듈'은 건축물을 지을 때 기준으로 삼는 치수이지요. 이를테면 이런 거예요.

20세기 초반 프랑스에서 어른 남자의 평균 키는 174cm 정도였어요. 그래서 이보다 약간 큰 180cm의 사람 모형을 만들어 놓고 이것을 기준으로 모든 치수를 결정했어요. 키가 180cm인 사람이 팔을 머리 위로 높이 들어 올리면 그 길이는 225cm가 되어요. 키를 H라고 했을 때 5/4×H를 하면 바로 그 높이가 되거든요. 그래서 방을 만들 때 천장 높이는 최소한 225cm 이상으로 하기로 했어요. 머리 위로 팔을 높이 들어 올렸을 때 손이 천장에 닿지 않게 하려고요. 그래야 기지개를 마음대로 펼 수 있잖아요. 또한 이 사람이 좌우로 크게 양팔을 벌렸을 때 그 길이는 사람 키와 비슷해요. 그래서 방을 만들 때 아무리 좁아도 천장 높이와 마찬가지로 폭이 225cm 이상이 되도록 했어요. 또한 180cm의 사람이 신발을 신고 모자를 쓰면 약 190cm가 되어요. 그래서 출입문의 높이는 최소한 190cm 이상으로 정했어요. 이러한 치수들은 아파트를 지을 때 지금도 그대로 적용되어요. 방을 만들 때 최소한의 천장 높이는 225cm 이상, 그래서 230cm로 하고, 아무리 작은 방이라도 폭은 최소한 225cm 이상, 그래서 240cm로 하지요. 또 방문의 높이도 190cm 이상이기 때문에 200cm로 하고요.

이뿐만 아니라 책상이나 의자, 싱크대, 세면대 등 우리가 자주 사용하는 가구의 높이도 모두 인체 치수를 기준으로 한 모듈러 시스템으로 정했어요. 그래서 지금도 가구를 만들 때면 그 시스템을 따른답니다.

이러한 그의 생각을 따라서 지어진 집이 프랑스 마르세유에 있는 '유니테 다비타시옹(Unite d'Habitation)'이라는 아파트예요. 마르세유는 항구 도시여서 선원들이 많이 사는데, 노동자를 위한 집을 유명한 건축가가 직접 설계한 것은 처음이었어요. 우선 필로티를 이용해 아파트를 완전히 들어 올려 짓고, 그 아래 땅은 모두 정원으로 꾸며 사람들에게 개방했어요. 아파트 옥상도 정원으로 꾸몄고요. 건물 안에는 상점과 식당, 유치원까지 있어서 아파트에 사는 사람들이 편리하게 이용할 수 있게 했어요. 특히 유치원에 다니는 아이들은 옥상 정원에 올라가서 놀았어요. 지금도 아파트 단지 안에는 편의점과 가게들이 있고, 또 유치원과 어린이 놀이터가 있는데, 르코르뷔지에가 지은 유니테 다비타시옹에서 비롯되었어요. 요즘은 필로티로 들어 올린 아파트도 많이 지어지지요? 모두 르코르뷔지에의 영향이에요. 그래서 사람들은 그를 근대 건축의 아버지라고 불러요. 장식이 많고 화려했던 고전 건축 대신 간결하고 편리한 근대 건축의 시대를 열었기 때문이에요.

9. 르코르뷔지에와 다르게 생각한 건축가는 없나요?

근대 건축이 이렇게 단순하고 간단한 형태로 지어지다 보니 결국 사각형의 건물만 많아지게 되었어요. 거리를 걷다 보면 온통 박스형의 건물만 눈에 띄었지요. 이에 대해 조금 다르게 생각한 건축가도 있었어요. 바로 스페인의 가우디였어요.

"인공보다는 자연이 훨씬 더 아름답다."

"사람이 만든 것은 다 직선이지만 자연은 다 곡선이다."

"자연스러운 것이 가장 아름답고, 그래서 직선보다 곡선이 더 아름답다."

가우디는 자신이 짓는 모든 건물에 직선을 사용하지 않고 부드러운 곡선만을 사용했어요. 방도 네모난 것이 아니라 엄마 배 속같이 둥그렇게 만들었어요. 사람은 태어나기 전 열 달 동안 엄마 배 속에 웅크리고 있잖아요. 그래서 엄마 배 속을 닮은 둥그런 방 안에서 가장 편안함을 느낄 거라고 생각했어요. 뿐만 아니라 유리창이든 문고리든 건축에 사용되는 것은 다 둥그스름하게 일일이 손으로 만들었어요. 그러다 보니 건물 한 채를 짓는 데에도 시간이 많이 걸리겠지요?

가우디가 설계한 건물 중에 사그라다 파밀리아 성당이 있어요. 사그라다 파밀리아는 스페인어로 '성스러운 가족'이라는 뜻인데 예수와 성모 마리아를 말해요. 바르셀로나 시민들의 성금으로 1882년부터 짓기 시작했어요. 가우디는 건축 현장 근처에 마련한 조그만 숙소에서 생활하면서 공사를 감독했어요. 그러던 1926년 건축 현장 근처에서 급히 달리던 마차에 치여 숨지고 말았지만, 그의 제자들이 맡아서 지금까지 짓고 있어요. 성당은 크게 세 부분으로 나누어지는데 각각 예수의 탄생, 예수의 수난, 예수의 영광을 나타낸답니다. 그중에 예수의 탄생 부분은 가우디가 직접 완성했고, 예수의 수난 부분은 1976년에 완성되었어요. 예수의 영광 부분은 지금도 짓고 있으니 공사 기간이 무려 130여 년 이상 이어지는 거예요. 물론 지금 그곳에서 예배를 보거나 관람을 할 수는 있어요. 내부는 꽃과 나무를 본뜬 디자인으로 되어 있고 스테인드글라스를 통해 들어오는 햇빛이 정말 아름다워요. 자연이 가장 아름답다는 가우디의 생각에 따라 지어지는 건물이라서, 지금도 되도록 기계를 쓰지 않고 손으로 정성스레 짓고 있답니다.

그러고 보니 가우디와 르코르뷔지에는 정반대의 건축가라고 할 수 있어요. 가우디는 자연스러운 곡선을 좋아한 반면, 르코르뷔지에는 장식을 없애고 간단하고 네모난 형태를 좋아했잖아요. 그렇다면 둘 중에서 누가 옳고 누가 그른 걸까요? 그런 것은 존재하지 않아요. 르코르뷔지에와 가우디는 각각의 특징이 있을 뿐 누가 옳고 그른 것이 아니에요. 그것은 마치 바나나와 파인애플 같은 거예요.

바나나는 부드럽고 달콤한 맛이 나요. 파인애플은 새콤하고 아삭아삭하지요. 바나나를 좋아하는 친구가 있는가 하면 파인애플을 좋아하는 친구도 있어요. 그렇다고 해서 바나나가 옳고 파인애플은 그르다든지 혹은 그 반대도 아니에요. 바나나와 파인애플은 서로 다른 특징이 있을 뿐 어느 것이 옳고 그른 것이 아니에요. 그래서 우리 친구들도 바나나와 파인애플을 모두 좋아하는 거예요. 가우디와 르코르뷔지에도 마찬가지예요. 우리 사회에는 가우디의 곡선의 건축도 필요하고 르코르뷔지에의 직선의 건축도 필요해요. 그래야 이 세상이 더 조화롭고 아름다워지겠지요.

스페인의 건축가 가우디는 인공보다 자연이, 직선보다 곡선이 아름답다고 생각했어요. 가우디는 자신이 짓는 모든 건물에 부드러운 곡선을 사용했어요. 방도 엄마 배 속같이 둥그렇게 만들고, 유리창과 문고리도 둥그스름하게 손으로 만들었어요.

2 집이 왜 필요해요?

10. 집이 왜 필요해요?

오늘은 소풍을 갈 예정인데, 하루 만에 돌아오는 것이 아니라 며칠 동안 숲속에서 머물 거예요. 모두들 즐겁게 소풍 준비를 해요. 드디어 숲속에 도착했어요. 냇가에서 물고기를 잡고 숲속에서 산딸기를 따며 즐겁게 노느라 시간 가는 줄 몰랐어요. 냇가에서 잡은 물고기를 꼬챙이에 꿰어 불에 구워 먹으니 아주 맛있어요. 여러 가지 놀이를 하다 보니 어느덧 해가 지기 시작했어요. 숲속이라 해가 더 빨리 지는 것 같아요. 주위가 어둑어둑해지자 어디선가 산짐승 우는 소리가 크게 들리는 것이 좀 무서워졌어요. 산짐승은 생각보다 가까이에 있는 것 같아요. 해가 지니까 약간 추워지기도 했고요. 갑자기 집 생각이 나요. 아 참, 우리는 집으로 돌아가는 게 아니라 숲속에서 밤을 보내야 해요. 어디서 잠을 자야 할까요? 안전하고 편안한 은신처가 있으면 좋겠지요? 바로 이런 생각 때문에 사람들은 집을 짓기 시작했어요.

인류가 아직 원시인의 상태로 숲에서 살 무렵 잠을 자고 쉴 만한

장소가 필요했어요. 더구나 겨울에는 너무 추워서 낮에도 집 안에서 지내야 하고 눈이라도 내리면 며칠 동안 한곳에서 머물 장소가 필요해요. 여름이라도 한낮에는 햇볕이 너무 뜨거우니까 그늘에서 쉬어야 하고 장마철에는 비가 많이 내리니까 지붕 있는 곳에서 지내야 해요. 또한 낮에 산에서 따 왔던 산딸기를 저장해 둘 장소도 필요해요. 내일은 혹시 비가 와서 온종일 집 안에 머물러야 할지도 모르니까요. 바로 이러한 이유 때문에 원시인들은 집을 짓기 시작했어요. 다른 동물과 비교해 보면 사람은 무척 약한 존재예요. 피부를 감싸는 털가죽이 없어서 겨울에는 몹시 춥고, 사자나 호랑이처럼 날카로운 이빨이 없어서 사냥도 잘하지 못해요. 그래서 산딸기나 버섯 등을 채집해서 먹고 살아야 해요. 사냥만으로는 필요한 모든 음식을 구할 수가 없거든요.

  그리고 무리 중에서 아이가 태어나면 그 아이와 엄마가 안심하고 지낼 수 있는 집이 반드시 필요해요. 사람의 임신 기간은 열 달이나 되고 갓 태어난 아이는 너무 약해서 온종일 돌봐 주어야 하거든요. 사슴이나 송아지는 태어나자마자 곧바로 걷지만 아기는 1년은 지나야 겨우 일어서고 대여섯 살이 될 때까지 계속 돌봐야 해요. 그동안 엄마는 아이를 돌보느라 아무 일도 할 수 없어요. 이렇게 눈비를 피하고 추위와 더위를 피하고 식량을 저장하고 아이를 낳아 키우기 위한 장소로서 집은 반드시 필요해요.

11. 최초의 집은 어떻게 생겼어요?

구석기 시대의 일이었어요. 서너 명이 사냥을 떠나게 되었어요. 한 번 사냥을 나가면 사나흘은 걸리는데 그날도 곧 해가 저물었어요. 밤을 지낼 집을 지어야 해요. 어디가 좋을지 살펴보다가 마침 적당한 곳을 찾았어요. 맑은 시냇물이 흐르고, 그 옆으로 조금 떨어진 곳에 있는 평평한 땅이에요. 집을 짓기 위해서는 가지가 가늘고 잘 휘어지는 나무가 좋아요. 나뭇가지를 잘라 땅에 꽂은 다음 양편에 세운 두 가지를 서로 엮어서 간단한 지붕을 만들어요. 바닥을 다져 평평하게 고른 다음 가지고 다니던 짐승 가죽을 깔개 삼아 깔았어요. 이렇게 해서 바닥과 지붕으로 이루어진 간단한 집이 지어졌어요.

인류가 최초로 집을 짓기 시작한 것은 구석기 시대이고, 당시의 집들은 20~30분 만에 간단히 지을 수 있었어요. 하지만 그때 지었던 집들은 지금 남아 있지 않아요. 그때 사용했던 재료는 나뭇가지나 짐승 가죽이 전부인데 이는 금세 무너져 버리고 시간이 지나면 모두 썩어 없어지기 때문이에요. 대신 동굴 속에 살았던 사람들의 흔적은 지금도 남아 있어요.

  구석기 시대에는 동굴 속에서 살기도 했지만 실제로는 간단한 집을 짓고 사는 경우가 훨씬 많았어요. 동굴은 예나 지금이나 그렇게 흔하게 볼 수 있는 게 아니지요. 지금도 숲속에서 캠핑을 할 때면 동굴을 찾기보다는 적당한 장소에 텐트를 치지요. 구석기 시대에도 마찬가지였어요. 우리가 캠핑에 대비해 텐트를 가지고 다니듯 구석기 시대 사람들도 짐승 가죽을 가지고 다녔어요.

  동굴 유적 중에 몇 가지 유명한 것이 있는데 그중 하나가 스페인에 있는 알타미라 동굴이에요. 대략 1만 7천 년에서 1만 2천 년 전에 살았던 동굴로 여겨지는데 동굴 벽에 사슴과 큰 소가 그려져 있어서 유명해요. 프랑스의 라스코 동굴에도 이와 비슷한 그림이 그려져 있어요. 알타미라 동굴 벽화를 그렸던 사람들과 비슷한 시기에 살았던 것 같은데 여러 마리의 동물 그림을 그렸어요. 왜 구석기 시대 사람들은 동굴에 이런 그림을 그렸을까요?

  소와 사슴 등은 구석기 시대에 주로 사냥했던 동물이에요. 한 마리를 잡으면 온 동네 사람들이 나누어 먹지만 매일매일 쉽게 잡을 수 있는 것은 아니었어요. 또 사냥을 나갔다가 죽거나 다치는 사람도 많았고요. 그래서 사슴이나 소를 많이 잡기를 바라고, 사냥할 때 죽거나 다치는 사람이 없기를 바라며 그린 그림이에요. 사람들은 사냥을 떠나기 전 그림 앞에서 노래를 부르고 춤을 추며 서로를 응원

했을지도 몰라요. 동굴에서는 무언가 불을 피웠던 흔적도 발견되었어요. 어두운 동굴에서 불을 피우면 동굴 벽에 그려진 사슴과 소가 신비롭게 보여요. 불꽃이 일렁일 때마다 그림자가 생기면서 소와 사슴 그림이 마치 살아 움직이는 것처럼 보이기도 해요. 정말 신비로운 장면이지요? 그래서 알타미라 동굴이나 라스코 동굴은 실제 사람이 살았던 곳이라기보다는 어떤 종교적 목적의 집회 시설에 가까워요.

구석기 시대에는 동굴 속보다 땅 위에 간단한 집을 짓고 사는 경우가 훨씬 많았어요. 하지만 그런 유적은 남아 있지 않고 동굴 속에 그린 벽화만 남아 있어요. 지금까지 남아 있는 집은 훨씬 뒤에 살았던 사람들이 지은 집이에요.

12. 고대의 유명한 건축물은 뭐예요?

유적으로 남아 있는 것 중에 가장 오래된 건축물은 고인돌이에요. 고인돌은 큰 돌을 괴어서 만든 것인데 주로 청동기 시대의 유적이에요. 고인돌 주변에서 가끔 청동기 시대의 유물인 간돌검(마제 석검), 돌가락바퀴(방추차) 등이 함께 나올 때가 있지요. 우리나라에는 고인돌이 정말 많아요. 전 세계에서 발견되는 고인돌 수는 대략 6만 기인데, 그중 절반 정도인 3만 기가 우리나라(남한)에 있거든요. 고인돌은 청동기 시대 족장의 무덤이었을 것으로 짐작해요. 보통 사람들이 죽으면 땅에 묻었지만 족장이 죽으면 커다란 고인돌을 만들었어요. 고인돌을 왜 만들었을까요?

고인돌은 크기가 매우 커서 덮개돌(판석)의 길이는 3~5미터이고 무게는 몇천 킬로그램이나 돼요. 돌 하나를 옮기는 데도 수십 명이 달라붙어야 하고, 그 돌을 세우려면 몇백 명이 필요해요. 고인돌 하나를 만드는 데 몇 년이 걸리기도 해요. 커다란 고인돌이 세워져 있다면 수백 명을 몇 년 동안 동원할 만한 권력이 있어야겠지요? 청동기 시대에는 족장만이 그런 권력이 가능했을 거예요. 고인돌이 크면 클수록 부족을 많이 동원했을 테니까 그 족장이 다스리는 지역도 넓었겠지요? 어느 마을의 고인돌이 무척 크다면 이 마을에는 부족이 많이 사는가 보다, 함부로 쳐들어가지 못하겠다는 생각이 들겠지요? 그래서 족장들은 앞다투어 더 큰 고인돌을 세웠어요. 그때는 하나의 나라로 통일된 것이 아니라 작은 부족 단위로 마을을 이루어 살았기 때문에 부족 간에 크고 작은 다툼이 많았거든요.

1년에 몇 번 중요한 날이 되면 고인돌 앞에서 부족이 모여 제사를 지냈는데 이는 마을 전체를 아우르는 역할을 했어요. 고인돌 앞에 모여 죽은 족장을 생각하다 보면 서로 같은 부족이라는 생각이 들었을 거예요. 고인돌은 단순한 무덤이라기보다는 부족 전체를 아우르는 목적이 더 컸어요. 우리나라뿐 아니라 유라시아 대륙의 다른 나라에도 고인돌이 많은데, 그중 가장 크고 정교하게 만들어진 것이 영국에 있는 스톤헨지예요.

이곳에는 높이가 4미터, 무게는 25~30톤 정도 되는 커다란 돌기둥 수십 개가 둥글게 세워져 있어요. 기원전 2000~1100년경에 지어진 것 같은데 크기가 워낙 크기 때문에 족장의 무덤을 넘어 종교 시설이었을 것으로 짐작해요. 아마 부족 전체가 모여 종교 의식을 치르고 부족에게 무슨 일이 생기면 다 같이 모여 기도와 제사를 드리던 곳이 아니었을까 짐작해요. 낮이 가장 긴 하지에 떠오르는 태양

고인돌   스톤헨지

의 광선이 스톤헨지의 중심선과 정확히 일치하거든요.

  고인돌과 스톤헨지를 비교해 보면 스톤헨지가 더 잘 다듬어져 있는데, 시간이 지나서 기술이 더 발달하면서 훨씬 뛰어난 건축물을 만들게 돼요. 바로 그리스 신전이에요. 그리스 하면 대리석으로 지어진 새하얀 신전과 그리스 신화가 떠오를 거예요. 그리스 신화에는 많은 신이 나오고 또 신들끼리 서로 전쟁을 하기도 해요. 이는 당시 그리스가 하나의 나라로 통일된 것이 아니라 여러 개의 도시 국가로

그리스 신전

이루어졌기 때문이에요. 도시 국가마다 수호신이 달랐기 때문에 신화에 많은 신이 등장하고, 또 도시가 서로 전쟁을 벌이면 도시의 수호신들도 싸우게 되겠지요? 도시 국가는 수호신을 위해서 멋진 신전을 짓고 꽃과 과일을 바치며 도시를 지켜 달라고 기원했어요. 또 배를 타고 멀리 떠나거나 무역하러 가기 전에 풍랑을 만나지 않고 무사히 돌아오게 해 달라고 기원했어요. 물론 전쟁이 나면 모두 신전 앞에 가서 기도했고요.

그리고 보니 고인돌, 스톤헨지, 그리스 신전은 공통점이 있어요. 부족 국가나 도시 국가에서 지었고 부족과 도시를 위해 기도하던 곳이라는 점이에요. 사람이 사는 곳이 아니라 죽은 족장이나 도시의 수호신이 머무는 곳이고요. 그리고 모두 다 돌로 지었다는 거예요. 그래서 몇천 년이 지난 지금까지 썩거나 변하지 않은 채 남아 있고요. 그렇다면 그리스 사람들이 살던 집은 무엇으로 지었을까요? 또 청동기 시대 부족들이 살던 집은 무엇으로 지었을까요? 아마 나무와 흙, 지푸라기 등으로 간단하게 지었겠지요. 그런 집들은 몇 년이 지나면 허물어지고 썩어서 지금 전혀 남아 있지 않아요. 왜 족장의 무덤은 힘들게 큰 돌을 세워서 만들고 부족의 집은 나무와 지푸라기로 지었을까요? 그리스 신전은 하얀 대리석으로 멋지게 짓고 사람들이 사는 집은 대리석으로 짓지 않았을까요? 그것은 건축에 대한 생각이 달랐기 때문이에요.

사람은 태어나면 죽기 때문에 사람이 사는 집도 오래갈 필요가 없다고 생각했어요. 그래서 구하기 쉬운 재료로 간단히 지었지요. 하지만 부족 국가나 도시 국가에서는 국가가 오래가기를 바랐어요. 그래서 도시 국가를 지켜 줄 수호신이 사는 신전은 영원히 썩지 않는 재료인 대리석으로 지었어요. 족장이 죽으면 부족의 수호신이 되어 마을을 계속 지켜 줄 거라고 믿었기 때문에 큰 돌을 세워 지었어요. 또한 고인돌이 클수록, 신전이 크고 멋질수록 부족과 도시 국가의 힘이 강해 보여서 다른 부족이나 도시 국가가 함부로 넘보지 못했겠지요. 바로 그런 이유 때문에 큰 돌로 멋지게 지은 거예요.

고대의 유명한 건축물은 고인돌과 스톤헨지, 그리스 신전이 있어요. 이들의 공통점은 죽은 족장이나 도시 국가의 수호신이 머무는 곳으로, 부족과 도시를 위해 기도를 드렸다는 거예요. 고인돌이 클수록, 신전이 크고 멋질수록 다른 부족이나 도시 국가가 함부로 넘보지 못했어요.

13. 피라미드는 어떻게 세워졌어요?

이집트를 생각하면 사막과 낙타 그리고 피라미드가 떠올라요. 피라미드는 무엇이며 왜 지었을까요? 지구상에서 가장 먼저 문명이 발달한 곳은 이집트, 메소포타미아(지금의 중동), 중국, 인도였어요. 네 곳에서는 처음으로 농사를 짓기 시작했고 사람들이 모여 살면서 국가를 이루고 문명이 발달했어요. 그래서 이 네 곳을 세계 4대 문명이라 말해요. 그중 하나인 이집트는 나일강 유역에서 발달한 문명이에요.

나일강은 사막을 가로지르는데 매년 6월에서 9월까지 약 넉 달 동안 물이 많아져 주변까지 넘쳐흐르는 범람의 시기가 되어요. 강 주변의 땅이 모두 물에 잠기지만 이 시기가 지나면 물이 빠지면서 땅이 매우 비옥해져요. 밀과 보리를 심으면 농사가 정말 잘되었어요. 그러다 보니 인구가 많아지면서 이집트는 훌륭한 문명을 이루게 되고 거대한 국가가 탄생해요. 그 이집트 왕국을 다스리는 왕이 파라오였어요. 당연히 파라오의 권력도 대단했겠죠? 파라오는 살아서는 이집트의 왕이고 죽어서는 이집트의 수호신이 된다고 믿었어요. 그러니 신이 지낼 커다란 신전이 있어야겠지요? 피라미드는 왕의 무덤이면서 이집트의 수호신이 머무는 신전이기도 했어요.

피라미드의 크기는 어마어마한데 그중에서도 쿠푸왕의 피라미드가 가장 컸어요. 높이가 무려 146.5미터이고 밑변의 길이가 230미터였어요. 체육 시간에 100미터 달리기를 해 보았지요? 그럼 230미터가 얼마나 큰지 짐작이 될 거예요. 피라미드는 가로세로 길이가 1미터 정도 되는 큰 돌을 벽돌 삼아 쌓아 올렸는데 무려 230만 개의 돌이 필요했어요. 만드는 방법은 우선 돌을 다른 곳에서 잘라 가져와요. 돌을 쌓기 위해 주변에 흙을 쌓아 올리면서 인공 산을 만들고 피라미드가 완성되면 흙을 치워요. 그럼 사막 한가운데 멋진 피라미드가 생기는 거예요. 피라미드 하나를 세우자면 오랜 세월 동안 많은 사람을 동원해야 했어요. 그래서 새 왕이 즉위하면 자기 피라미드를 미리 쌓곤 했어요. 기록에 의하면 쿠푸왕의 피라미드를 쌓기 위해 10만 명이 12년 동안 동원되었다고 해요. 물론 이는 피라미드 하나를 쌓는 데 필요한 사람들이었고, 돌을 캐서 피라미드를 쌓을 장소까지 가져오기 위한 길을 만드는 데도 10만 명이 12년 동안 동원되었어요. 고대 이집트 왕국이 얼마나 부강했는지 짐작이 가나요?

이때 동원된 사람들은 흔히 생각하는 것처럼 노예는 아니었고 농사를 짓는 일반 국민이었어요. 피라미드 옆에서 피라미드를 쌓았던

사람들의 집으로 보이는 유적이 발굴되기도 해요. 집터를 조사해 보면 1층에는 입구와 부엌이 있고 조그만 계단으로 올라가면 방이 한두 개 있는 이층집이에요. 이런 터가 수십 개씩 연달아 있어요. 집집마다 부엌과 한두 개의 방이 있다면 일하는 사람 혼자 온 것이 아니라 아내와 자녀까지 함께 와서 살았을 거예요. 그렇다면 결코 노예나 포로는 아니었어요. 노예나 포로는 수용소에 한데 모아 살게 하지 각자에게 이런 집을 하나씩 주지는 않거든요. 집터 유적뿐 아니라 다른 기록에서도 이들이 농사를 짓는 평범한 국민이었다는 사실이 드러나요. 일하는 동안 임금을 받았고 몸이 아프거나 집에 무슨 일이 생기면 휴가를 내기도 했거든요. 또한 이들은 1년에 3개월만 일했어요. 나일강의 물이 넘쳐흘러 주변 농토가 모두 잠기는 범람의 시기인 6~9월 사이에만 일했어요. 그렇다면 이들은 평소에는 농사를 짓다가 나일강이 범람하여 농사를 지을 수 없는 시기에 피라미드 건설에 참여했다는 뜻이에요. 더구나 일을 하면 임금도 받았어요. 그래서 오랜 기간 피라미드를 쌓는다는 것은 나일강이 범람하여 농사를 지을 수 없는 시기에 국민에게 일자리를 제공한다는 측면도 있었어요. 이렇게 피라미드가 완성되고 왕이 죽어 피라미드에 묻히고 나면 이제 단순한 무덤이 아니라 하나의 신전과 비슷한 역할을 했어요. 아들이 새로운 왕이 되어 매년 나일강이 범람할 때면 아버지의 피라미드 앞에서 농사가 잘되기를 기원했거든요. 피라미드는 왕의 무덤이자 신전이었고 또한 농한기에 농민들에게 일자리를 제공하는 역할도 했어요.

14. 피라미드와 비슷한 건축물이 또 있나요?

사람들은 피라미드를 매우 신비롭다고 생각해요. 어찌나 기술이 정교한지 혹시 우주인이 와서 기술을 가르쳐 준 게 아닐까 생각하는 사람들도 있어요. 피라미드와 비슷한 건축물이 또 있을까요?

앞서 세계의 4대 문명을 이집트, 메소포타미아, 중국, 인도라고 했는데 그중에서 가장 먼저 문명이 발달한 곳은 메소포타미아였어요. 지금의 중동(서남아시아) 지역인데 티그리스강과 유프라테스강 근처의 비옥한 땅에서 맨 먼저 농사를 지었거든요. 사람들이 모여 살게 되면서 문명이 발달하고 바빌론, 아시리아 같은 국가도 생겨났는데 이 문명이 수메르 문명이에요. 이집트의 파라오가 피라미드를 지은 것처럼 수메르의 왕들도 지구라트라는 무덤을 만들었어요. 이집트와 수메르는 지리적으로 가까워서 서로의 존재를 알았어요. 중국과 인도가 가까워서 옛날부터 서로의 존재를 알았던 것과 비슷해요. 이집트와 수메르는 서로 영향을 주고받았는데 그중에 대표적인 것이 피라미드와 지구라트예요. 시기적으로 지구라트가 피라미드보다 먼저 지어져서 건축학자들은 수메르의 지구라트가 이집트로 건너가 피라미드로 발전했을 거라고 보아요. 그리고 그 중간 단계의 건축물로 마스타바가 있어요. 피라미드보다 훨씬 크기가 작아서 널리 알려지지는 않았지만 피라미드가 생기기 전에는 주로 마스타바가 지어졌어요. 즉 수메르의 지구라트를 보고 이집트에서 마스타바를 짓다가 이후 피라미드로 발전했을 거예요. 그렇다면 지구라트는 어떻게 생겼을까요?

피라미드는 옆면이 삼각형이지만 지구라트는 윗부분이 평평한 사다리꼴이에요. 지구라트는 왕의 무덤이기도 했지만 그 윗부분에는 꽃과 나무를 심어 놓은 신전이기도 했어요. 중동 지역은 사막이 많으니까 꽃과 나무가 정말 귀하고 소중해요. 수메르의 신화에 따르면 천국은 꽃과 나무로 울창하게 뒤덮인 곳이라고 해요. 그러니 사막 한가운데 신전을 세우고 옥상에 꽃과 나무를 심어 놓으면 정말 천국처럼 보이겠지요? 꽃과 나무를 가꾸려면 많은 물이 필요했고 사람이 발로 밟아 움직이는 물레방아로 물을 옥상까지 끌어 올렸어요.

흔히 고대 문명의 7대 불가사의 중 하나로 바빌론의 공중 정원을 꼽는데, 이 공중 정원이 바로 지구라트 위에 꾸며진 옥상 정원이에요. 공중 정원이라고 하니까 허공에 붕 떠 있는 정원일 거라고 생각하지만, 그런 정원은 지금도 못 만들어요. 옥상 정원이 하도 신기하게 보여서 공중 정원이라고 불렀던 모양이에요. 성경에 나오는 바벨탑도

실은 바빌론의 탑, 즉 지구라트를 말해요.

사람들이 하늘 끝까지 닿고 싶어서 건물을 높이높이 지었는데 그만 하느님의 노여움을 사고 말았어요. 하느님이 번개를 내려 그 건물을 부숴 버리고 사람들에게 서로 다른 언어를 쓰게 했어요. 말이 서로 통하지 않게 되자 싸움이 잦아졌어요. 이것이 바벨탑의 이야기인데, 여기에는 몇 가지 뜻이 숨어 있어요. 우선 건물을 너무 크고 높게 짓다 보니 가끔 무너지는 사고도 일어났던 것 같아요. 혹은 지진 때문에 무너지기도 하고요. 서로 다른 언어를 쓰는 민족들이 모여 살면서 크고 작은 전쟁이 끊이지 않았던 것 같아요. 실제 수메르는 이집트나 중국, 인도처럼 큰 왕국이 아니라 바빌론, 아시리아 같은 작은 왕국들로 이루어졌어요. 작은 왕국들끼리 자주 전쟁을 벌였고요. 바로 그런 역사를 보여 주는 이야기예요.

수메르와 이집트, 두 고대 문명은 지구라트와 피라미드라는 왕의 무덤을 만들었어요. 이는 무덤을 넘어 이집트와 수메르의 국가들을 지켜 주는 신전 역할도 했어요. 앞서 보았던 고인돌과 함께 지구라트와 피라미드는 죽은 사람을 위한 건축물이라는 공통점이 있어요. 족장이나 왕의 무덤이었기 때문에 잊지 않으려고 크고 훌륭하게 지었고, 덕분에 지금까지 남아 있는 유명한 건축물이 되었어요.

15. 로마는 왜 콜로세움을 지었어요?

그리스에서는 신전이 유명하지만 로마에서는 신전보다 다른 건축물이 더 유명해요. 왜 그럴까요?

우리는 흔히 그리스 로마 신화라고 말해요. 이것은 그리스 신화와 로마 신화가 매우 비슷하다는 뜻이겠지요. 로마는 본디 그리스의 작은 도시 국가 중 하나였어요. 점차 여러 도시 국가를 아우르며 성장한 나라여서 문화가 그리스와 비슷했지요. 그리스의 각 도시에 신전이 있었던 것처럼 로마에도 신전이 있었어요. 바로 판테온인데, 일곱 명의 신을 위한 공동 신전이에요. 로마는 그리스의 도시들을 통일하면서 각 도시 국가의 수호신도 인정해 주었어요. 그리고 그 수호신들을 위한 신전을 통일해서 판테온을 지었어요. 하지만 로마에서 주로 지어졌던 건물은 신을 위한 신전이 아니라 로마 시민을 위한 건물이었어요.

그중 가장 유명한 것이 콜로세움이라고 하는 원형 경기장이에요. 당시 로마 황제는 원형 경기장을 지어 신나는 구경거리를 보여 주면

서 시민들의 환심을 사려 했어요. 원형 경기장에서는 말이 끄는 전차 경주, 체육 경기, 동물과 인간이 서로 싸우는 경기까지 보여 주었어요. 때로는 경기장에 커다란 풀장을 만들어 놓고 배를 띄워 해전을 보여 주기도 했어요. 경기가 벌어질 때면 황제가 직접 참석해서 시민들과 함께 경기를 보기도 했고요.

또한 황제는 대형 목욕장을 지어서 시민들에게 제공했어요. 이곳은 땀을 **빼**는 사우나, 몸을 씻는 온탕과 냉탕, 몸을 단련할 수 있는 체육 시설 등이 두루 갖추어져 있었고 로마 시민은 무료로 이용했어요. 그것은 황제가 시민에게 베푸는 선물과 같은 거였으니까요. 그런데 그 많은 돈을 어디서 마련했을까요? 로마는 주변의 땅을 계속 점령하면서 그곳을 식민지로 삼아서 세금을 거두었어요. 또한 그곳에서 사람들을 데려다가 로마 시민들의 농장 일을 하는 노예로 부렸어요. 로마는 주변의 땅을 **빼**앗아 식민지로 삼고 본래 그 땅에 살던 사람을 포로로 잡아 노예로 부리는 사회였어요. 지금도 로마에 가면 콜로세움과 대형 목욕장을 볼 수 있어요.

16. 중세 시대에 왜 훌륭한 성당을 지었어요?

파리에 가면 노트르담 성당이 유명해요. 프랑스뿐 아니라 독일과 영국에도 멋진 성당이 많아요. 이런 성당은 언제 지어졌을까요?

로마가 멸망하고 난 뒤 유럽은 한동안 별다른 문명이 발달하지 못해요. 로마의 옛 영토는 잘게 나누어졌고 사람들은 농사를 지으며 살았어요. 그러다가 5~6세기경부터 봉건제가 발달하면서 중세 시대가 시작돼요. 그리고 11세기부터 14세기 무렵까지 중세 문화가 가장 화려하게 발달하는데, 크고 멋진 성당들도 그때 지어졌어요. 중세의 유럽은 지금의 프랑스, 독일, 이탈리아, 스페인처럼 큰 나라로 이루어진 게 아니라 크고 작은 소왕국으로 이루어졌어요. 그래서 왕이 나라 전체를 다스린다기보다는 각 지역의 영주나 기사에게 땅을 조금씩 나누어 주어서 다스리게 했어요. 이것을 봉건제라고 해요. 이렇게 땅이 잘게 잘게 나누어지면 나라를 통합할 만한 힘이나 제도가 있어야겠지요? 중세에는 그 역할을 성당이 했어요. 아이가 태어나면 마을 성당에 가서 신부님께 얘기하고 세례를 받았어요. 아이가 자라 결혼할 때도 성당에서 했고요. 사람이 죽으면 성당에서 장례 미사를 드렸어요. 마을 사람들에게 가장 중요한 곳은 성당이었고, 모두들 열심히 성당에 다녔어요. 마을 사람뿐 아니라 영주나 기사, 왕도 마찬가지였어요. 그래서 크고 훌륭한 성당이 많이 지어졌어요.

중세 시대 가장 유명한 건축물은 성당이었고 눈에 잘 띄었어요. 중세의 집들은 고작 1~2층 높이였지만 성당은 대개 10층 높이 정도 되었어요. 성당 안에 들어가면 천장이 높고 내부는 약간 어두웠어요. 지금은 전등으로 불을 밝히지만 그때는 촛불을 켰으니까요. 실내가 약간 어두우니까 더 신비스럽게 보였어요. 높은 천장의 벽면에는 색유리를 잘게 조각내어 붙인 스테인드글라스가 있었는데, 거기에 나타난 그림은 성경 속 이야기를 그린 거였어요. 중세의 성경은 어려운 라틴어로 쓰여 있어서 마을 사람들은 읽을 수 없었거든요. 그래서 그림으로 그려 나타낸 거예요. 성당 천장에 가득 그려진 스테인드글라스는 성경책을 펼쳐 놓은 듯한 느낌이었겠지요? 어쩌면 성당 안은 정말로 천국에 들어간 듯한 느낌을 주었을지도 몰라요. 중세 시대에 가장 중요한 것은 기독교였고, 그래서 성당이 가장 크고 화려하게 지어진 거예요.

성당 앞에는 마을 사람들이 모두 모일 수 있도록 광장을 만들었어요. 일요일이면 예배를 마친 사람들이 광장에 모여 이야기를 나누거나 물건을 가져와 물물 교환을 하면서 장터를 열었어요. 지금도

유럽 도시에서는 일요일에 성당 앞 광장에서 바자회나 장터, 벼룩시장이 열리기도 해요.

17. 베르사유 궁전을 왜 화려하게 지었어요?

프랑스의 베르사유 궁전과 루브르 궁전은 정말 화려해요. 왜 이렇게 화려한 궁전을 지었을까요? 그곳에 살았던 왕은 어떻게 되었을까요?

파리에 있는 루브르 궁전과 베르사유 궁전은 프랑스의 왕인 루이 14세, 루이 15세, 루이 16세가 살았던 궁전이에요. 그때는 국력이 매우 강했고 왕권도 강력했어요. 얼마나 왕권이 강했는지 루이 14세는 "내가 곧 국가이니라.", "나의 권력은 하늘로부터 받았노라."라고 말할 정도였어요. 왕이 곧 국가라는 말은 프랑스가 왕의 것이자, 왕의 말이 곧 법이고, 모든 권력은 오로지 왕에게 있다는 뜻이었어요.

> 부르봉 왕조의 왕이었던 루이 14세가 통치할 당시의 프랑스는 국력이 매우 강하고 왕권도 강력했어요. 문화의 황금시대를 이루었던 루이 14세는 왕의 권위를 과시하려고 궁전을 더없이 화려하게 지었어요.

또한 그렇게 하도록 하늘에서 정했다는 뜻이었어요. 당연히 왕이 사는 궁전도 화려하게 지었겠지요? 루브르 궁전은 루이 14세가 살았던 궁전이고, 베르사유 궁전은 그의 손자인 루이 16세가 살았던 궁전이에요.

특히 베르사유 궁전이 더 화려한데 그곳에서도 가장 화려한 방은 '거울의 방'이에요. 이곳은 무도회나 중요한 행사가 열리던 큰 연회장인데 네 개의 벽면은 물론 천장까지 온통 거울이 붙어 있어요. 지금은 어디서나 거울을 볼 수 있지만 당시에는 아주 귀하고 값이 비쌌어요. 거울을 만들자면 우선 큰 판유리를 만들어야 하는데 유리 가공 기술이 발달하지 못해서 곧잘 깨졌거든요. 또 색깔이 투명하지 못해서 푸르스름한 빛을 띠었어요. 그래서 중세 성당에서도 커다란 유리창 대신 조각 유리를 잘라 붙인 스테인드글라스를 만들었던 거고요. 하지만 16~17세기 국력이 강해지면서 공업이 발달하여 커다랗고 투명한 판유리를 만들 수 있게 되었어요. 유리의 뒷면에 수은을 바르면 거울이 되지요. 넓은 방 안의 벽면과 천장에 온통 거울을 붙였다는 것은 프랑스가 얼마나 부유한지, 프랑스의 공업 기술이 얼마나 발달했는지 보여 주는 역할도 했어요.

그곳에서는 매일 밤 무도회가 벌어졌어요. 루이 16세의 왕비인 마리 앙투아네트는 화려하게 차려입고 파티를 벌였어요. 날이면 날마다 귀족과 귀부인을 초대해 먹고 마시고 춤추며 놀았어요. 그러자면 돈이 많이 들겠지요? 그 모든 돈은 국민이 낸 세금으로 썼어요. 서민들은 너무 고단하고 궁핍했어요. 궁전에서는 하루가 멀다 하고 흥청망청 먹고 마셨지만 서민들은 먹을 빵조차 부족했거든요. 마침내 파리 시민들이 들고일어났어요. 당시 왕이 살던 튀일리 궁전과 베르사유 궁전으로 쳐들어가서 왕과 왕비를 몰아내었어요. 바로 프랑스 대혁명이 일어난 거예요.

이제 프랑스는 왕과 왕비가 없어요. 국민이 대통령을 선출하지요. 예전에 왕이 살았던 궁전은 어떻게 되었을까요? 미술관으로 변해서 모든 국민이 쉽게 드나들게 되었어요. 그곳에 전시된 그림과 조각품은 본디 왕이 가지고 있던 예술품이었고, 그런 훌륭한 그림을 보는 것은 왕과 귀족들만 가능했어요. 하지만 프랑스 대혁명이 일어나 왕과 귀족을 국민 손으로 없앴잖아요. 이제 프랑스의 주인은 국민이에요.

> 베르사유 궁전에서도 특히 화려한 곳은
> '거울의 방'이에요. 당시에는 거울이 아주
> 귀하고 값이 비쌌는데, '거울의 방'은 네 개의
> 벽면과 천장에 온통 거울을 붙였어요.
> 이는 프랑스가 얼마나 부유한지, 프랑스의
> 공업 기술이 얼마나 발달했는지 보여 준답니다.

3 한옥이 뭐예요?

18. 어떤 집을 한옥이라고 하나요?

한옥은 우리나라의 전통적인 방식으로 지은 집을 말해요. 우리 조상들이 입었던 전통적인 옷을 한복, 패스트푸드나 양식이 아닌 우리의 전통 음식을 한식이라고 하는 것과 똑같아요. 한옥은 어떤 특징이 있을까요? 우선 재료는 주변에서 쉽게 구할 수 있는 흙과 나무, 돌로 지었어요. 콘크리트, 시멘트, 강철을 주재료로 하여 짓는 요즘의 아파트보다 훨씬 친환경적이라 할 수 있어요. 벽면에는 유리창이 아닌 종이로 바른 창호지문을 달아요. 유리는 맑고 투명해서 햇빛이 바로 들어와 눈이 부실 때가 많아요. 더구나 밤에는 내부가 훤히 드러나기 때문에 커튼이 꼭 필요해요. 하지만 창호지문은 햇빛을 부드럽게 흡수해서 은은한 빛이 들어오고 내부가 드러나지 않기 때문에 굳이 커튼이 필요하지 않아요. 지붕은 기와를 얹은 기와집이거나 풀을 덮은 초가집이에요. 주로 양반들이 기와집을 지었고 서민들은 초가집을 지었어요. 낟알을 떨어 낸 볏짚으로 지붕을 덮은 초가집은 1년 정도 지나면 지붕이 낡아요. 그러면 이듬해 가을에 또다시 새로운 볏짚을 덮게 되므로 친환경적이에요.

한옥은 온돌을 깔고 마루를 놓는데 특히 온돌은 한옥의 가장 큰 특징이자 우수한 점이에요. 한옥은 안방과 부엌이 서로 연결되어 있어서 밥을 지으려고 불을 땔 때면 그 불기운이 구들장 밑을 지나면서 방바닥을 덥히는데 이것이 온돌이에요. 부엌에서 때는 불로 아궁이에서 밥도 짓고 구들장을 덥혀서 난방도 하니까 연료가 절약되겠지요? 더구나 저녁나절에 불을 땔 때면 밤새도록 따뜻해요. 온돌은 가까운 중국이나 일본에도 없는 오직 우리나라만의 우수한 전통문화예요.

마루도 독창적인 문화예요. 마루는 온돌을 놓지 않고 길쭉한 나무판을 깔아 놓은 곳이에요. 마당을 향해 트여 있고 땅에서 약 20~30센티미터 띄워 놓아서 무덥고 습기가 차는 여름을 지내기 좋은 구조예요. 한옥의 특징은 한지붕 아래 온돌방과 마루가 함께 있다는 것인데, 온돌은 따뜻해서 겨울을 지내기 좋고 마루는 시원해서 여름을 보내기 좋아요. 요즘은 여름에는 에어컨, 겨울에는 보일러가 있어야 하지만 한옥은 여름에는 시원하고 겨울에는 따뜻한 친환경적인 집이에요.

할머니~

19. 한옥과 양옥의 차이점이 뭐예요?

한옥이 우리의 전통적인 집을 말한다면 양옥은 서양식 집을 말해요. 19세기 후반쯤 우리나라에 갑자기 유럽 문물이 들어왔는데 그때 들어온 새로운 물건에 대개 '양' 자를 붙였어요. 양옥도 그때 들어온 유럽식 집이에요. 양옥을 지을 때는 벽돌, 시멘트, 콘크리트, 철근 등을 재료로 써요. 나무 기둥을 세워 집을 짓는 방식이 아니라 벽돌을 쌓거나 콘크리트로 짓기 때문에 2~3층 집도 지을 수 있어요. 난방은 온돌이 아닌 벽난로로 했어요.

한옥에서는 주로 온돌방이나 마루에 앉아 좌식 생활을 하는데, 양옥에서는 의자와 테이블, 침대를 사용하는 입식 생활을 해요. 입식 생활을 하면 식구 수대로 의자와 식탁, 책상, 침대가 있어야겠지요? 가구가 많이 필요하니까 집도 크고 넓어야 해요. 하지만 한옥은 좌식 생활을 했기 때문에 가구가 많이 필요하지 않았어요. 침대 대신 이불을 깔고 잤다가 개어 넣으면 됐고, 식탁과 책상을 따로 갖출 필요도 없었어요. 하나의 상을 가지고 밥을 먹으면 밥상이고 책을

펼치면 책상이 되니까요. 거실에 소파를 두는 대신 방석을 준비했다가 손님이 오면 내놓았어요. 잔치라도 벌어지면 마루에 커다란 교자상을 펴고 음식을 차렸다가 잔치가 끝나면 다시 접어 두었고요. 그러니 자리를 별로 차지하지 않았지요. 좁은 공간도 효율적으로 사용하는 지혜가 여기 숨어 있어요.

민속촌이나 한옥 마을에 가서 전통 한옥을 보면 방들이 생각보다 작다는 느낌을 받아요. 겨우 한 사람이 누울 만한 크기이거든요. 그렇게 작은 방을 사용할 수 있었던 것은 좌식 생활을 해서 덩치 큰 가구가 필요하지 않았기 때문이에요. 양옥은 입식 생활을 하기 때문에 침대, 식탁, 소파 등 덩치 큰 가구가 들어차 있으니 집이 아무리 커도 크다는 느낌이 들지 않아요.

　한옥은 가운데 마당을 두고서 공간이 나뉘어요. 이를테면 안방과 마루, 건넌방으로 이루어진 안채가 있고 문간방과 대문간으로 이루어진 문간채가 있어요. 안방에서 문간방으로 가려면 마당을 가로질러 가요. 동선이 길어서 집이 작아도 그다지 갑갑하게 느껴지지 않았고, 각 방은 어느 정도 독립성도 유지되었어요. 그래서 예전 한옥에서는 할아버지, 할머니, 아버지, 어머니에 자녀는 물론 고모와 삼촌까지 대가족이 살 수 있었어요. 양옥은 현관문을 열고 들어가면 거실을 중심으로 각 방이 몰려 있어요. 방문을 열면 바로 거실이기 때문에 동선이 짧아 편리하긴 하지만 불편한 점도 있어요. 각 방이 너무 가깝다 보니 부모와 자녀로 이루어진 핵가족이 살기에는 편하지만, 식구가 많은 대가족이 살기에는 조금 불편해요. 우리나라도 예전에 한옥에 살 때는 대가족이 불편 없이 살았지만 요즘은 양옥과 아파트에 사는 사람이 많아지면서 대가족이 줄고 핵가족이 늘어나게 되었어요.

20. 우리나라의 집은 어떻게 발전했나요?

우리나라에서 집이 지어지기 시작한 것은 대략 신석기 시대로 짐작되어요. 구석기 시대에는 주로 수렵과 채집을 하며 살았어요. 먹을 것을 찾아다니느라 한 장소에 오래 머물지 않았고 며칠 정도 머물 수 있는 간단한 은신처를 마련했어요. 그런데 신석기 시대에 들어 농사를 짓기 시작해요. 농사는 봄에 씨앗을 뿌려 가을에 추수를 하고 겨울 동안 그 곡식을 먹으며 지내기 때문에 1년 내내 한곳에 머물러 살아야 해요. 그러자면 튼튼한 집을 지어야겠지요? 신석기 시대에는 땅을 파고 집을 지었어요. 요즘의 반지하와 비슷한데, 반쯤 땅속에 있으면 겨울에 따뜻하고 여름에 시원해요. 당시에는 아직 온돌이 없었기 때문에 자연환경을 이용했지요. 나무를 잘라 다듬은 뒤 지붕틀을 엮어서 얹고 그 위에 풀을 덮었어요. 이렇게 동그란 삿갓처럼 생긴 집이 바로 신석기 시대에 지어진 '움집'이에요. 당시 사람들은 강과 가까우면서 약간 언덕진 곳에 모여 살았는데, 서울시 강동구 암사동에 신석기 시대 사람들이 살았던 흔적이 남아 있어요.

그 후 청동기 시대가 되면 동그랗던 움집은 크기가 약간 커지면서 네모나게 변하고 지붕 모양도 변해서 텐트와 비슷하게 돼요. 이때부터 수백 명이 모여서 하나의 마을을 이루고 살게 되지요. 마을은 커다란 나무 울타리를 둘렀고 주변에는 '해자'라 불리는 크고 깊은 도랑을 팠어요. 혹시라도 이웃 마을에서 쳐들어올 때를 대비하기 위해서였어요. 마을 입구에는 망루를 두었고요. 집을 보면 청동기 시대부터 이미 부자와 가난한 사람의 차이가 드러나기 시작해요. 앞서 고인돌은 청동기 시대 족장의 무덤이었다고 했지요? 족장과 가족이 사는 집은 크고 좋았지만 평범한 사람들이 사는 집은 작았어요. 마을 한가운데에 커다란 창고를 만들어 놓고 1년 동안 농사를 지은 곡식을 저장했어요.

청동기 시대는 부족 국가였어요. 그러다가 철기 시대가 되면 부족 국가의 시기를 지나 최초의 국가가 생기기 시작해요. 북쪽에는 옥저, 부여, 고구려 등이 있었고, 남쪽에는 마한, 진한, 변한이 있었어요. 그때부터는 땅을 파지 않고 땅 위에 기둥을 세워 집을 지어요. 청동기 시대에는 겨울의 추위를 피하기 위해 땅을 팠지만 이제 북쪽 지역에서 온돌이 발명되고 남쪽 지방에서는 마루가 생겼거든요.

우리의 가장 훌륭한 주거 문화라 알려진 온돌은 추운 지방이었던 고구려에서 처음 시작되었어요. 여름을 시원하게 보낼 수 있는 마루는 남쪽인 가야와 신라에서 시작되었고요. 고려 시대에는 나라가 통

일되면서 고구려의 온돌이 점차 남쪽 지방으로 내려오고 남쪽의 마루도 점차 북쪽 지방으로 올라가요. 그래서 북쪽에서 발달한 온돌과 남쪽에서 발달한 마루가 한지붕 아래 같이 있는 집이 지어져요.

조선 시대에는 함경도부터 전라도, 경상도까지 모든 집이 온돌과 마루를 함께 갖추게 돼요. 한옥을 생각하면 가운데 마루가 있고 양옆에 온돌방이 있는 구조가 떠올라요. 온돌과 마루는 전통 한옥의 가장 중요한 요소인데, 이러한 집의 구조가 조선시대에 완성되어요.

21. 조선의 양반집은 어떻게 생겼어요?

조선의 양반집은 사대부가 살던 집이라고 해서 사대부가(士大夫家)라고도 해요. 사(士)는 벼슬하지 않은 선비를 말하고 대부(大夫)는 벼슬한 선비를 말하는데, 벼슬을 했건 안 했건 선비를 통틀어 사대부라고 했어요. 양반이 사는 집이라는 뜻에서 반가(班家)라고도 했지

요. 사대부가는 대문을 열고 들어서면 바로 집이 있는 게 아니라 문간채와 행랑채가 있어요. 문간채에는 가마를 두는 곳과 말을 묶어 두는 곳이 있고, 행랑채에는 주로 남자 하인들의 방이 있어요. 옛날에는 말이나 가마를 타고 다녔기 때문에 말을 돌보고 가마를 메는 하인이 많았어요. 이들은 대문과 가까운 행랑에 살았어요. 그리고 낯선 사람이나 밤에 도둑이 들어올 때를 대비해 하인들이 행랑에서 지냈지요. 하인은 적으면 서너 명이었지만 지체가 높은 집이라면 열 명이 넘기도 해서 이들이 사는 행랑의 크기도 컸어요. 그중에서 가장 나이 많은 하인이 우두머리가 되어 다른 하인들을 이끌었는데 이를 행랑아범이라 했어요. 아범은 나이 든 남자 하인을 대접하여 이르던 말로, 하인이라도 함부로 대하지 않았어요.

행랑채를 지나면 조그만 사랑 마당을 끼고 사랑채가 나와요. 이곳은 집안의 남자들이 지내는 곳이에요. 조선 시대에는 대가족으로 살았는데 남자는 주로 사랑채에서 지냈어요. 사랑채는 마루를 중심으로 큰 사랑방과 작은 사랑방이 있는데, 큰 사랑방은 아버지가 사용했고 작은 사랑방은 장성하여 결혼한 아들이 사용했

어요. 사랑방은 요즘의 서재와 비슷해서 평소에는 책을 읽으며 공부를 하다가 손님이 오면 그곳에서 맞이했어요. 예전에는 사랑방으로 손님이 많이 찾아왔어요. 전화나 인터넷이 없었기 때문에 직접 방문해야 했거든요. 특히 사대부가라면 손님의 발길이 끊이지 않아서 사랑방은 반드시 있어야 하는 중요한 방이었어요. 사대부가의 남자아이는 일곱 살이 되면 어머니 품을 벗어나 사랑채에 나와서 공부했어요. 어릴 때는 할아버지가 글을 가르쳐 주고 조금 더 자라면 따로 선생님을 모시고 글공부를 했어요.

　사랑채 뒤편으로 널찍한 안마당을 끼고 안채가 있어요. 어머니가 지내는 안방이 있고 마루를 건너면 며느리가 지내는 건넌방이 있어요. 할머니가 계시면 안방 옆에 있는 뒷방에서 지내고 결혼하지 않은 딸들은 윗방에서 지냈어요. 사랑채가 집안의 남자들이 생활하는 곳이라면 안채는 여자들이 생활하는 곳이었어요. 한가족이라도 이렇게 안채와 사랑채에서 따로 지낸 이유는 유교 때문이었어요. 유교의 가르침 중에 삼강오륜이 있거든요. 삼강은 임금과 신하 사이에 마땅히 지켜야 할 도리인 군위신강, 부모와 자식 사이에 마땅히 지켜야 할 도리인 부위자강, 남편과 아내 사이에 마땅히 지켜야 할 도리인 부위부강을 말해요. 오륜은 군신유의(임금과 신하 사이에 의리가 있어야 한다), 부자유친(부모와 자식 사이에 사랑이 있어야 한다), 부부유별(아내와 남편 사이에 구별이 있어야 한다), 장유유서(어른과 아이 사이에 순서가 있어야 한다), 붕우유신(친구 사이에 믿음이 있어야 한다)을 말해요.

 가정생활에서 특히 중요한 것은 부자유친, 부부유별, 장유유서였어요. 남편과 아내 사이에 구별이 있어야 하기 때문에 아버지와 아들은 사랑채에서, 어머니와 며느리는 안채에서 따로 지냈어요. 어른과 아이 사이에 순서가 있어야 하므로 아버지는 큰 사랑방에서, 아들은 작은 사랑방에서 지냈고 어머니는 안방에서, 며느리는 건넌방에서 지냈어요. 뿐만 아니라 남녀칠세부동석의 가르침에 따라 남자아이는 일곱 살이 되면 안채를 떠나 사랑채에서 공부를 한 것이에요. 사대부가는 한마디로 유교의 삼강오륜을 지키는 공간이었어요. 집 뒤편으로 가면 돌아가신 조상의 신위를 모시는 조그만 사당이 있어요. 조상 중에 높은 벼슬을 한 분이 있으면 그 위패를 모신 사당을 짓고 제사를 지냈어요. 그 외에도 조용한 곳에 조그만 별채를 짓고 과거 시험을 준비하는 손자나 홀로 남은 할아버지가 지내기도 했어요. 이처럼 사대부가는 문간채, 행랑채, 사랑채, 안채, 별채 등 여러 집채로 이루어졌어요. 각 집채는 마당을 끼고 독립적으로 지어졌기 때문에 대가족이 살아도 크게 불편하지 않았어요.

22. 전통 주택은 지역마다 서로 다른가요?

지금 우리나라에서 가장 많이 지어지는 집은 아파트예요. 아파트는 전국적으로 모양이 거의 비슷해요. 하지만 예전에는 각 지역별로 집이 조금씩 달랐는데, 서로 다른 기후에 적응하기 위해서였어요.

함경도는 겨울이 몹시 길고 춥기 때문에 마루를 놓지 않거나, 놓았다 하더라도 문을 달아 추위와 바람을 막았어요. 마루는 본래 남쪽 지방에서 발달한 것으로 여름을 시원하게 나기 위한 거라고 했지요? 또한 우리가 한옥에서 흔히 보는 것처럼 방이 한 줄로 늘어선 홑집이 아니라 두 줄로 있는 겹집이었어요. 부엌을 정주 혹은 정주간이라 했는데 이 정주간이 매우 컸어요. 한옥에서 부엌은 음식을 만들고 방을 덥히려고 불을 때는 곳이었는데 함경도는 겨울이 워낙 추우니까 아궁이가 발달해서 부엌이 커졌고, 마당에서 할 일을 부엌에서 하는 경우가 많았어요. 겨우내 먹을 것을 저장하는 곳도 부엌에 함께 있었어요. 또한 외양간과 부엌이 연결되어 있어서 소와 말이 춥지 않도록 했어요. 함경도의 집을 보면 부엌이 3분의 1에서 4분의 1

정도를 차지하는 경우가 많은데, 함경도와 가까운 강원도 산간에도 이와 비슷한 집이 지어졌어요.

한편 평안도는 북쪽이긴 해도 평야가 많다는 점에서 함경도와 달랐어요. 겹집 대신 홑집을 지었고 마루를 놓았다 해도 문을 달아 바람을 막았어요. 마루는 바닥 난방을 하지 않기 때문에 겨울에는 사용할 수 없어요. 겨울이 길고 추웠던 함경도와 평안도에서는 마루를 만들긴 했어도, 바닥만 마룻바닥이고 문짝을 달았기 때문에 방과 거의 비슷했어요.

경기도와 충청도로 내려오면 대청마루가 등장해서, 마루를 중심으로 안방과 건넌방이 자리 잡는 구조가 생겨요. 특히 안방을 중심으로 ㄱ자로 꺾인 ㄱ자집이 많아요. 여기에 一자 모양의 문간채와 사랑채가 붙어 느슨한 형태의 튼ㅁ자집이 많은 것이 중부 지방의 특징이에요. 경상도와 전라도 등 남부 지방으로 내려오면 ㄱ자의 안채 대신 一자형의 안채가 생기고 여기에 문간채, 사랑채 등이 마주 보고 있어 ㄷ자형을 이루는 경우가 많아요. 함경도를 제외하고는 대체로 홑집이 많아요. 함경도는 북한 지역이어서 갈 수 없기 때문에 겹집이 많이 알려져 있지 않지만 추운 겨울에 대비하기 위한 우리의 전통 주택임에 틀림없고, 함경도와 가깝고 기후가 비슷한 강원도에도 겹집이 많이 지어졌어요.

한편 제주도의 집은 육지와는 사뭇 다르게 생겼어요. 남쪽이어서 기후가 따뜻하긴 하지만 바람이 많이 불어서 함경도와 같은 겹집을 지었어요. 하지만 중간에 마루가 있다는 점이 함경도와 달라요. 부엌의 아궁이로는 밥만 지을 뿐 방을 덥히는 온돌은 깔지 않았어요. 겨울에도 그다지 춥지 않았기 때문인데 가끔 추울 때는 화로를 피웠어요. 또한 집이 바람에 날아가지 않도록 집 높이를 최대한 낮추고 지붕을 밧줄로 묶어 넣고 그 아래 돌을 매달아 두었어요. 창문을 작게 만들고 돌로 담을 쌓았어요. 돌과 바람이 많은 제주도의 환경에 적응하기 위한 집이었어요.

　울릉도는 겨울에 많은 눈이 자주 내려서 그 피해에 대비했어요. 집 둘레에 우데기라고 하는, 풀을 엮어 만든 벽을 세웠어요. 우데기가 눈을 막아 주어서 방과 부엌을 오갈 수 있었거든요. 그래서 울릉도의 집을 우데기집이라고도 해요. 우리나라에서는 집을 지을 때 기둥을 세워서 짓지만 울릉도에서는 기둥을 세우는 대신 통나무를 가로로 쌓아서 '귀틀집'을 지어요. 눈이 많이 내려 지붕 위에 쌓이면 눈의 무게로 인해 자칫 집이 무너질 수도 있거든요. 나무는 세로로 기둥을 세울 때보다 가로로 쌓을 때 더 많은 힘을 견딜 수 있답니다.

　그러고 보니 우리나라에는 신기한 집이 많았어요. 함경도의 겹집, 경기도와 충청도의 튼ㅁ자집, 제주도의 돌집과 울릉도의 우데기집 등은 모두 다 자연환경에 적응하기 위해서 지어진 집이에요. 자연을 거스르지 않으면서 슬기롭게 살았던 우리 조상의 지혜라 할 수 있어요.

23. 건축과 관련된 신도 있나요?

한옥을 지을 때 가끔 고사를 지내는 모습을 볼 수 있어요. 제사와 고사의 다른 점이 무엇이며, 왜 고사를 지낼까요?

음식을 차려 놓고 조상신에게 절하는 것이 제사고, 조상이 아닌 다른 신에게 비는 것이 고사예요. 우리 조상들은 건축에도 신이 깃들어 있다고 생각해서 한옥을 지을 때 고사를 지냈어요. 건축과 관련된 신은 어떤 신이었을까요?

집을 지으려면 우선 땅이 있어야 하는데 땅에는 지신이 있다고 생각했어요. 혹은 그 터의 주인이라는 뜻으로 터주라고도 하고 터줏대감이라고 높여 이르기도 했어요. 요즘은 터줏대감이라고 하면 어느 동네에 오래 살아서 힘이 있는 사람이라는 뜻으로 쓰이지만 본래는 집터를 지키는 지신을 이르던 말이에요. 집을 짓자면 땅을 파고 주춧돌을 놓은 뒤 기둥을 올려야 해요. 조용하던 땅을 갑자기 파헤치면 그곳의 터주가 놀랄 수 있기 때문에 미리 터주에게 고사를 지낸 거예요. 이제부터 이곳에 집을 지을 예정이니 부디 노하거나 놀라지

말라는 의미로 고기와 과일, 떡 등의 음식을 차려 놓고 땅에 술을 부었어요. 지신에게 드리는 술이었어요.

    집을 다스리는 신은 성주신이었어요. 성주신은 본래 하늘의 천궁대왕과 땅 나라의 옥진부인 사이에서 태어난 아들이었는데, 열다섯 살에 땅을 내려다보니 사람들이 집이 없어 나무숲에서 살았어요. 성주가 나무를 베어 집 짓는 방법을 가르쳐 주려고 땅으로 내려왔지만 나무에 까치와 까마귀 들이 둥지를 짓고 살아서 벨 수가 없었어요. 그래서 솔씨를 가져다가 심어 놓고 다시 하늘로 올라갔어요. 성주가 일흔 살이 되어 땅으로 내려와 보니 그때 심었던 솔씨는 모두 아름드리 소나무로 자라 있었어요. 성주는 도끼, 칼, 끌, 대패를 비롯한 연장을 만들고, 나무를 베어 집 짓는 방법을 가르쳐 주었어요. 성주는 인간에게 최초로 집 짓는 방법을 가르쳐 준 건축의 신이라고 할 수 있어요. 그래서 집을 지으면 그 집에 성주신이 깃든다고 믿었고, 특히 한옥에서 가장 중요한 대들보를 올릴 때는 성주신에게 고사를 지냈어요. 이를 대들보를 올린다는 뜻으로 상량이라고 하는데, 지금도 한옥을 지을 때는 아무 탈 없이 집을 지을 수 있게 해 달라고 상량식을 해요.

    부엌에는 부뚜막의 신인 조왕 혹은 조왕할매가 살아요. 본래 조왕은 아궁이에 피우는 불의 신이었어요. 집에서 불은 가장 중요한 요소예요. 집 안에 화덕을 만들어 불을 피우기 시작한 것이 대략 신

석기 시대이지요. 불을 피우면 집 안도 따뜻해지고 음식도 해 먹을 수 있어서 좋지만 잘못하면 불이 날 수도 있어요. 불은 고맙고 소중하지만 조심해서 다루어야 하기 때문에 부뚜막에는 불을 다스리는 조왕할매가 있다고 생각했어요. 조왕할매는 평소에는 조용히 지내다가 매년 섣달 그믐이 되면 하늘로 올라가 옥황상제에게 그 집에서 일어난 일들을 고해바친다고 해요. 그럼 옥황상제가 그 벌로 인간의 수명을 단축시킨다고 믿었어요. 그래서 잘못한 일을 저지른 사람은 섣달 그믐날 밤에 아궁이에 꿀이나 엿을 발라 두기도 했어요. 예전에는 새로 지은 집에 들어갈 때 아궁이에 첫 불을 지피는 의식을 치렀어요. 이를 입택 의례 혹은 집에 들어간다는 뜻으로 '집들이'라고 했어요. 새로 이사한 집에 갈 때 집들이 선물로 양초나 성냥을 주기도 했어요. 또한 아궁이에 불이 꺼지면 불길하다고 여겨서 되도록 불씨를 꺼뜨리지 않도록 조심했어요.

　안방에는 삼신할미가 살았어요. 삼신할미는 아이를 갖게 해 주고 그 아이가 태어나 자랄 때까지 보살펴 주는 신이어서, 아이를 낳아 키우는 공간인 안방에 있다고 믿었어요. 지금도 아이가 태어난 지 백 일째 되는 날이면 미역국과 흰밥, 물로 삼신상을 차려서 안방에 놓아요. 아이가 건강하고 잘 자라게 해 달라는 뜻이에요.

　땅의 신인 터주, 집의 신인 성주, 부뚜막의 신인 조왕, 안방에 있는 삼신할미는 집 안에서 가장 중요한 신이었어요. 그 외에도 장독대를 지키는 철륭신이 있고, 외양간에서 가축을 지킨다는 장군신도 있어요. 장독에는 된장, 고추장, 간장 등의 장이 있고 외양간에는 소가 있으니 그 귀중한 것들을 지켜 주는 신이 있다고 믿은 거지요. 문에는 문을 지키는 문신이 있고, 변소인 측간에도 측신이 있어요. 이처럼 옛날 사람들이 집 안 곳곳에 신이 있다고 생각했던 것은 우리 주변을 소중히 여기는 마음에서 비롯되었어요.

　땅에는 터주가 있으니 함부로 파헤치지 않도록 조심했고, 집에는 성주가 있으므로 기둥이나 대들보를 함부로 훼손하지 않았어요. 부엌에는 조왕할매가 있으니 불장난을 하거나 불씨를 소홀히 다루지 않았고요. 집 안 곳곳에 신이 있다고 생각했던 것은 미신이 아니라 우리의 주변 환경을 소중히 여기고 항상 조심하면서 지냈던 조상의 지혜라고 볼 수 있어요.

24. 개량 한옥이 뭐예요?

서울의 북촌에 가면 한옥이 많은데, 우리의 전통 한옥과는 달리 약간 현대적인 느낌이 나요. 이런 집들을 전통 한옥을 현대에 맞게 고쳤다는 뜻으로 개량 한옥이라고 해요. 전통 한복을 현대에 맞게 고쳐서 개량 한복이라고 하는 것과 같아요. 개량 한옥은 어떻게 생겨났을까요?

조선의 사대부가는 할아버지 할머니에서 자식, 손주까지 대가족이 살기에 적당한 집이었어요. 당시에는 남자 여자 하인이 있어서 식구가 많은 집은 20~30명까지 되었어요. 요즘은 엄마 아빠와 자녀로 이루어진 핵가족이 대부분이고 하인을 두지 않아요. 당연히 그렇게 큰 집을 지을 필요도 없고 넓은 집터도 필요 없겠지요. 그래서 옛날 사대부가의 넓은 집터를 잘게 쪼개어 핵가족이 살기에 알맞은 집을 짓기 시작했어요.

대표적인 곳이 북촌이에요. 경복궁의 북동쪽에 있어서 북촌이라 불렸는데 한양에서도 이름난 사대부가가 몰려 있던 곳이에요. 그런

난 개량 한옥에서 올려다보는 하늘이 좋더라.

데 일제 강점기에 사대부들이 벼슬을 잃게 되면서 북촌의 집들도 이사를 가게 돼요. 시대가 변하면서 하인을 두는 집도 점점 없어지고 대가족 대신 핵가족이 늘어났어요. 옛날과 같이 크고 넓은 집 대신 작은 집이 필요하게 되었어요. 북촌의 넓은 집들이 헐리고 집터를 서너 개로 쪼개어 핵가족이 살기에 적당한 집을 지었어요. 그때 지어진 한옥은 전통 한옥과는 조금 다른 모습이었어요. 그때는 개화기라서 서양으로부터 새로운 문물이 들어왔는데 한옥을 지을 때도 변화가 생긴 거예요.

  일단 하인이 없으니까 행랑채가 사라지고 대신 안채와 사랑채만 남은 간단한 집이 많았어요. 물론 사랑채도 예전처럼 그리 크지 않고 사랑방 하나에 사랑마루로 이루어진 간단한 구조였지요. 좁은 땅에 짓는 한옥이라서 ㄱ자의 안채에 一자형 사랑채가 붙어 ㄷ자 한옥이 되거나 ㄱ자의 안채와 ㄴ자의 사랑채가 붙어 ㅁ자 한옥이 되는 경우도 많았어요. 그러자 작지만 아늑한 안마당이 생겼고 여기에 장독대와 수돗가를 두고 꽃밭을 가꾸어 예쁘게 꾸미기도 했어요. 크기는 작아졌지만 핵가족이 살기에 더 편리한 집이 되었어요.

  재료에도 변화가 생겼어요. 나무 기둥을 세워 짓는 기본 구조는 그대로였지만 외부 담벼락은 흙담으로 마무리하는 대신 타일을 붙였어요. 타일은 지금도 화장실과 욕실에 붙이는데 물이 스며들지 않는다는 장점이 있어요. 담벼락에 타일을 붙이면 비가 많이 내려도

담이 쓸려 내리지 않아서 편리해요. 창호지 대신 유리문을 해 달았고 대청마루에도 유리문을 달아서 겨울에도 춥지 않게 지냈어요. 형태와 기본 구조는 그대로 둔 채 재료를 일부 바꾸어 훨씬 살기 편하게 지은 한옥이어서 개량 한옥이라 부르기 시작했어요. 그때 지었던 집들이 지금까지 보존되어 있는 곳이 북촌의 한옥 마을이에요. 우리의 한옥은 사라진 것이 아니라 시대에 맞게 바뀐 형태로 남았고, 북촌 한옥 마을은 훌륭한 관광 명소가 되었어요.

> 전통 한옥의 형태와 기본 구조는 그대로 둔 채 재료를 일부 바꾸어 살기 편하게 지은 것이 개량 한옥이에요. 대가족이 살기에 알맞았던 전통 한옥을 잘게 쪼개어 지은 개량 한옥은 핵가족이 살기에 알맞아요.

4 아파트가 뭐예요?

25. 최초의 아파트는 어디서 시작되었나요?

요즘은 거의 아파트에 살아요. 한옥이나 단독 주택에 사는 친구를 찾아보기가 힘들어요. 아파트는 무엇이며 언제 어디서 처음 생겨났을까요?

아파트가 무엇인지 알아보기 위해 단독 주택과 다른 점부터 살펴보도록 해요. 아파트와 단독 주택은 크게 두 가지가 달라요. 첫째, 층수가 달라요. 아파트는 10층 이상이나 20층 이상이 보통이지만 주택은 대개 1~2층이에요. 둘째, 아파트는 건물 하나의 크기가 매우 크고 여러 가족이 공동으로 살아요. 현관문을 열면 맞은편에 앞집이 있고, 또 위층과 아래층에도 집이 있어요. 엘리베이터를 타면 몇 층에 살든 모두 만날 수 있어요. 아파트는 이렇게 여러 가족이 함께 살아요. 아파트의 특징은 한마디로 '적층의 공동 주거'라는 거예요.

적층이란 단층이 아닌 고층을 말하는데, 위층과 아래층에 서로 다른 가족이 사는 것을 적층 주거라고 해요. 만약 2층집이 있는데 그 집 전체를 한가족이 사용한다면 그것은 적층 주거가 아니에요.

1층과 2층에 서로 다른 가족이 살아야 적층 주거라고 해요. 이러한 조건에 맞는 세계 최초의 아파트는 기원 무렵의 로마 제국 시절에 처음 나타나기 시작했어요. 지금으로부터 2,000여 년 전의 일이니까 무척 오래되었지요. 그때 로마는 주변의 여러 지방을 속주로 거느리면서 부유해졌고, 수도인 로마에 사람들이 몰려들면서 집이 부족하게 되었어요. 좁은 땅에 많은 사람이 살 수 있는 아파트가 필요했어요. 본래 로마의 부자들은 도무스라는 널찍한 단독 주택에서 살았지만 로마에 사람들이 점점 몰려들자 도무스를 헐고 인술라라는 아파트를 짓기 시작했어요. 인술라는 5~6층 높이의 공동 주택인데, 1층에는 식당이나 가게 들이 있고 2층부터 주택이 있어서 요즘의 상가 주택과 비슷했어요. 현재의 아파트와는 모습이 조금 다르지만 적층의 공동 주거라는 점에서 최초의 아파트라고 볼 수 있어요.

로마의 부자들은 자신들이 살던 도무스를 헐고 인술라를 지어 세를 주면 집세를 받아 돈을 벌 수 있었어요. 그래서 점점 많은 사람이 인술라를 짓기 시작했어요. 더구나 방을 작게 만들어 사람을 많이 들이고 6~7층까지 높게 지으면 더 많은 세를 받을 수 있었어요. 그러다 보니 본래 5층짜리를 세를 더 받으려고 6~7층까지 얼기설기 더 지었다가 무너지는 사고도 잦았어요. 좁은 집에 부엌을 제대로 갖추지 않아서 화로를 쓰다가 불이 나기도 했고요. 그러다가 정말 큰불이 났어요. 바로 기원 후 64년에 일어났던 로마 대화재예요. 불은 일주일간 계속되면서 로마 시내의 절반을 태우고서야 간신히 꺼졌어요. 그때 로마의 황제였던 네로는 로마를 재건하는 과정에서 몇 가지 원칙을 세워요.

로마 시내에 지어지는 인술라는 너무 높게 지었다가 무너지는 것을 방지하기 위해 21미터 이하로 짓는다, 불이 났을 때 옆 건물로 옮

겨 붙지 않도록 모든 건물은 3미터 거리를 띄워 짓는다, 인슐라에 불이 났을 때 이웃 세대로 대피할 수 있도록 발코니를 설치한다 등의 원칙이었어요. 뿐만 아니라 불이 났을 때 마차가 달려가 급히 불을 끌 수 있도록 소방 도로를 내었어요. 이런 원칙들은 지금도 아파트를 지을 때 지켜져요. 아파트에 있는 발코니는 불이 났을 때 대피하기 위한 용도로 만들어진 거예요. 발코니에서 아래를 내려다보면 곳곳에 '소방차 전용'이라고 쓰인 노란 글자를 볼 수 있어요. 불이 났을 때 소방차가 와서 불을 끄고 발코니로 대피한 사람들을 사다리로 구할 수 있도록 반드시 비워 놓아야 하는 곳이에요. 가끔 이곳에 자동차를 주차하는 어른들이 있는데 잘못된 행동이라는 걸 말씀드려야 해요. 건물을 지을 때 높이 제한이 있고, 서로 약간씩 띄워서 지어야 하는 원칙도 지금까지 지켜져요.

  아파트에 불이 나서 대피해야 할 때 복도에 화분이나 자전거 등이 있으면 부딪혀서 매우 위험하기 때문에 아파트 복도에 개인 물건을 두어서는 안 돼요. 아파트는 여러 가족이 함께 사는 공동 주택이라고 했지요? 그래서 우리 모두가 지켜야 할 공중도덕이 중요해요. 발코니나 창문에서 아래로 물건 던지지 않기, 늦은 밤에 뛰거나 떠들지 않기, 엘리베이터에서 이웃집 어른을 만나면 인사하기 등도 모두 지켜야 할 생활 예절이에요. 아파트는 공동 주택이니까요.

26. 유럽에서는 아파트가 언제 지어졌나요?

아파트가 로마 시대에 지어졌다니 정말 놀라워요. 그때의 아파트는 지금과는 조금 달라요. 요즘과 같은 아파트는 한참 후에 등장해요.

로마는 3~4세기에 점차 세력이 약해져서 사라지게 되고, 인술라도 지어지지 않아요. 이후 유럽에서는 중세 시대가 시작되면서 주로 농사를 짓고 살았거든요. 지금도 농촌보다는 서울을 비롯한 대도시에 아파트를 많이 짓잖아요. 아파트는 인구가 많은 곳에 짓는데, 중세 시대에는 요즘과 같은 대도시가 없었어요.

그러다가 18세기 후반에 영국에서 산업 혁명이 일어나요. 공장들이 들어서면서 새로운 공업 도시들이 생겨났어요. 농촌에서 농사를 짓던 사람들이 일자리를 찾아서 새로운 공업 도시로 몰려들자 집이 몹시 부족해졌어요. 큰 공장이 하나 들어서면 300~400명이 거기서 일을 해요. 그러한 공장이 열 개만 들어서도 3,000~4,000명이 모이는데 문제는 여기에 딸린 가족도 많았다는 거예요. 몇만 명이 작은 도시에 한꺼번에 몰리다 보니 집이 부족해서 단칸방에 한가족이 세

들어 사는 경우도 많았어요.

  그때 농촌에 살던 사람들은 자녀를 많이 낳아서 대개 6~7명의 아이가 있었어요. 부모까지 합쳐서 열 명 가까이 되는 가족이 방 하나에서 살았어요. 그래도 집이 부족해서 지하 셋방이나 지붕 밑 다락방에 사는 사람들도 있었고요. 집집마다 상하수도 시설과 화장실이 제대로 마련되지 않아 깨끗한 물이 부족했고 거리에는 오물이 넘쳐났어요. 이렇게 비위생적인 환경 속에서 콜레라, 티푸스, 이질 같은 전염병이 돌았어요. 게다가 햇빛이 들지 않는 지하에서 사는 사람들은 결핵을 앓기도 했어요. 그때 영국 공업 도시의 사망률은 매우 높았고, 특히 어린이들이 사망하는 경우가 많아 평균 수명이 30세 정도밖에 되지 않았어요. 이러다가는 정말 큰일 나겠다 싶어 영국 정부가 나섰어요.

산업 혁명이 영국의 아파트를 탄생시켰구나.

건축법을 엄격히 적용해서 지하에 사는 것을 금지하고 모든 주택은 하루에 일정 시간 이상 햇빛이 들도록 했어요. 집집마다 상하수도와 화장실을 반드시 갖추도록 했고요. 이렇게 지어진 집을 로우하우스(row house)라고 하는데 요즘의 연립 주택과 비슷해요. 2층 높이의 집들이 한 줄로 늘어선 모습이었거든요. 아직 완전한 아파트라고 할 수는 없어도 같은 모양의 공동 주택이 지어졌다는 점에서 이후 아파트로 발전해 나가는 초기의 모습이라고 할 수 있어요. 이후 유럽 여러 나라에서 차례로 산업 혁명이 일어나면서 공장에서 일하는 노동자를 위한 공동 주택이 지어지기 시작해요.

그때 영국에서 정한 원칙들은 지금도 지켜져요. 아파트의 모든 세대는 해가 가장 짧은 동지를 기준으로 하루에 네 시간 이상 해가 들도록 해야 하며, 사람이 사는 방은 절대로 지하에 둘 수 없다는 것 등이었어요. 그런데 왜 요즘 반지하 방이 있을까요? 사람이 사는 방은 지하에 둘 수 없는데 어떻게 이게 가능할까요?

어떤 방이 반쯤 지하에 걸쳐 있다면 그 방은 지하의 방일까요, 지상의 방일까요? 우리나라는 경사지가 많아서 이런 경우가 더러 생겨요. 이때 방 높이에서 절반 이상이 땅 위로 나오면 지상의 방으로 보아요. 즉 반지하라고 해도 절반쯤 땅 위로 나와 있고 창문이 있어서 지상의 방에 해당된답니다.

27. 아파트라는 말은 어디서 왔나요?

아파트라는 말은 어디서 왔을까요? 영어 같지만 실제로는 프랑스에서 온 말이에요.

영국의 로우하우스는 공동 주택이긴 하지만 연립 주택에 가깝고 층수도 2~3층 정도로 낮았어요. 고층 건물이면서 층별로 서로 다른 세대가 사는 아파트는 프랑스에서 발달했어요. 17세기 프랑스 귀족들이 살던 집은 '오텔(Hôtel)'이었어요. 영어식 발음은 호텔이지요. '오텔'은 '집'이라는 뜻이에요. 귀족들은 대가족이 살았고 하인과 하녀가 많아서 집의 규모도 매우 컸어요. 우리나라도 조선 시대의 양반들은 하인을 많이 거느린 대가족으로 살았고, 집도 안채, 사랑채, 행랑채, 문간채, 별채 등 여러 집채로 이루어졌다고 했지요? 프랑스 귀족도 비슷했어요. 마치 사랑채처럼 아버지와 아들이 머물면서 손님을 맞이하는 곳을 '아파르트멍 드 파라데(appartment de parade)'라고 했는데 서재, 식당, 연회장, 응접실 등으로 이루어졌어요. 집안의 여성들이 머물면서 친한 친구나 가까운 친척을 초대해서 편안하게 이야기를 나누는 곳을 '아파르트멍 드 소시에테(appartment de société)'라고 했어요. 피아노실, 살롱 등이 있어 여성들이 모여서 이야기를 나누기에 안성맞춤이었지요. 가족이 잠을 자고 쉬는 곳은 '아파르트멍 드 코모디테(appartment de commodité)'라고 했어요. 침실, 드레스룸, 파우더룸, 화장실 등으로 이루어진 공간이에요.

요즘 아파트를 살펴보면 엄마 아빠가 사용하는 안방에 화장실과 드레스룸이 한데 붙어 있는 것을 볼 수 있어요. 이처럼 비슷한 기능을 하는 방끼리 묶어 놓은 것을 '아파르트멍'이라고 해요. 집의 규모가 커지면 집채별로 혹은 아파르트멍별로 구분해 놓아야 살기에 편

리하거든요. 그러다가 프랑스 대혁명이 일어나서 왕실이 없어지자 귀족들도 몰락했어요. 그럼 귀족들이 살던 오텔은 어떻게 되었을까요?

앞서 조선의 양반들이 살던 북촌의 큰 한옥이 잘게 나뉘어 작은 집으로 다시 지어졌다고 했지요? 프랑스도 비슷했어요. 하인을 여럿 거느리고 대가족으로 살던 귀족 대신 하인 없이 핵가족으로 사는 사람이 많아지면서 오텔도 잘게 쪼개지기 시작했어요. 아파르트멍 별로 한가족이 세를 들어 살기 시작한 거예요. 아파르트멍은 대개 서너 개의 방으로 이루어졌기 때문에 4~5명의 가족이 살기에 적당했어요. 서너 개의 아파르트멍으로 이루어졌던 귀족의 오텔은 18~19세기에 들어 핵가족을 위한 개별 아파르트멍으로 수리되었어요. 아니면 낡은 오텔을 헐고 아예 여러 채의 아파르트멍으로 이루어진 새 건물을 짓기도 했고요. 새 건물을 지을 땐 층수를 높여서 7층 정도로 짓는 일이 많았어요. 프랑스 파리에는 점점 아파르트멍이 많이 생겼어요. 지금도 파리 시내에는 이러한 아파르트멍이 아주 많아요. 1층에는 카페나 빵집, 꽃집과 같은 가게가 있고 2~7층까지 아파르트멍이 있어요.

아파트의 특징 중 하나인 층별로 서로 다른 가족이 사는 적층 주거의 특징이 잘 드러나는 곳이 프랑스의 아파르트멍이에요. 그 후 아파르트멍은 미국으로 건너가 '아파트먼트'라 불리기 시작했고, 다시 우리나라에 들어와 '아파트'라고 줄여 불리게 되었어요.

28. 해방 이후 우리나라 최초의 아파트는 어디인가요?

우리나라에서는 1958년 서울시 성북구 종암동에 처음으로 우리 힘으로 지은 '종암 아파트'가 생겼어요. 시멘트와 콘크리트를 생산하는 '중앙 산업'이라는 회사에서 지었어요. 요즘 아파트처럼 대규모가 아니라 5층 높이였고 한 건물에 51세대가 있어서 전체 3개 동, 153세대로 이루어졌어요. 그때는 집들이 대개 단층이었는데 5층 높이로 아파트를 지으니 사람들이 몹시 신기해했지요. 게다가 집 안에 수세식 화장실까지 설치되었어요. 그때 다른 집들의 화장실은 재래식이었어요. 집의 규모는 그다지 크지 않아서 거실 하나에 방 2개가 딸린 17평 아파트였지만, 핵가족이 살기에 크게 불편하지는 않았어요. 그 후 개명 아파트가 들어서는데 종암 아파트와 비슷했어요. 5층 정도 높이에 복도식이었고 그때는 엘리베이터가 없어서 계단으로 오르내렸어요.

그러다가 1964년 서울시 마포구에 마포 아파트가 지어지는데 그때 처음으로 아파트 단지 개념이 적용되었어요. 요즘은 당연히 ㅇㅇ

아파트 △△단지에 산다고 하지요. 아파트 입구에 정문이 있고, 그 옆에 슈퍼마켓, 편의점, 식당, 학원 등 상가가 있어요. 단지 내부로 들어가면 어린이 놀이터, 테니스장, 경로당, 어린이집 등이 있어서 마치 하나의 마을과 같아요. 이것을 아파트 단지라고 하는데, 이러한 단지 개념이 처음 적용된 곳이 마포 아파트예요. 처음으로 슈퍼마켓과 어린이 놀이터가 들어서고 6층 높이에 642세대, 10개 동으로 이루어진 단지였어요. 크기는 9평, 12평, 15평 등으로 이루어졌어요. 1971년에는 서울시 여의도에 여의도 시범 아파트가 지어졌는데 24개 동, 1,584세대로 이루어졌어요. 높이는 10~13층에 이르렀고 이때 처음으로 엘리베이터가 설치되었어요. 지금은 10층짜리 아파트가 그다지 높아 보이지 않지만 그때만 해도 고층 아파트였고, 엘리베이터까지 있어서 아주 최신식이었어요.

이때부터 고층의 대단지 아파트가 본격적으로 지어지기 시작해요. 1970년대의 반포 아파트 단지, 잠실 아파트 단지가 대표적이에요. 아파트 평수도 15~32평 정도로 넓어지기 시작했어요. 그 후 1980년대가 되면 아파트 평수는 더 넓어지고 더욱 고층으로, 더욱 대단지로 지어져요. 서울시 상계동 아파트 단지를 비롯하여 대단지들이 지어져서 일일이 셀 수 없을 지경이에요. 그러다가 나중에는 서울시에 대단지 아파트를 지을 만한 땅이 부족하게 돼요. 무엇보다 서울에 자꾸 아파트를 짓다 보니 인구가 너무 많아져 혼잡하기도 했고요. 그래서 1990년대부터는 서울과 가까운 지역에 신도시를 개발하고 대규모 아파트 단지를 짓게 돼요. 분당, 일산이 바로 그때 개발된 신도시들이에요. 신도시는 아파트 단지만 짓는 것이 아니라 서울을 쉽게 오갈 수 있도록 지하철을 놓고 신도시 사람들이 살기 편하도록 중학교와 고등학교, 대형 병원, 대형 마트 등을 종합적으로 계획해요. 아파트 단지마다 초등학교도 세우고요. 말 그대로 작은 도시 하나를 서울과 가까운 곳에 새롭게 세우는 거예요.

2000년대가 되면 서울 강남에 60~100층짜리 초고층 아파트들이 들어서요. 그때만 해도 아파트의 높이는 30층 정도였는데 60층에서 100층짜리 아파트라니, 다들 입이 딱 벌어졌어요. 하지만 요즘은 초고층 아파트를 많이 짓지 않아요. 건물을 짓는 데 돈이 너무 많이 드는 데다가 살기도 약간 불편하거든요.

해방 이후 최초로 지어진 5층짜리 종암 아파트에서 2000년대에 지어진 초고층 아파트까지, 불과 40~50년 사이에 아파트는 고층으로, 그리고 대단지로 발전해 왔어요.

29. 다세대 주택과 다가구 주택이 뭐예요?

모두가 아파트에 사는 건 아니에요. 빌라에 사는 사람도 많아요. 빌라란 어떤 집일까요?

결론부터 말하자면 '빌라'는 정확한 용어가 아니고, 다가구 주택, 다세대 주택 혹은 연립 주택 중의 하나예요. 주택은 크게 단독 주택과 공동 주택, 두 가지로 나뉘어요. 단독 주택은 다시 단독 주택, 다중 주택, 다가구 주택으로 나뉘고, 공동 주택은 다세대 주택, 연립 주택, 아파트로 나뉘어요. 그래서 주택은 모두 여섯 종류가 있어요. 하나하나 살펴보기로 해요.

우선 단독 주택은 하나의 가족이 독채로 사용하는 주택을 말해요. 마당이 있는 주택이나 개량 한옥, 서울을 벗어나 조용한 시골에 지어지는 전원주택 등이 모두 단독 주택이에요. 동네를 걷다 보면 분명 한 채이긴 한데 조금 덩치가 큰 집이 있어요. 3층 높이에 방이 여러 개 있어요. 그런 경우는 방마다 작은 원룸이거나 고시원, 혹은 하숙집이기도 해요. 대개 대학교 주변에 이런 집이 많은데 대학생들이 세를 들어 살아요. 하나의 단독 주택이지만 방이 여러 개 있어서 원룸이나 하숙집으로 이용되는 곳, 이곳이 바로 다중 주택이에요. 원룸이 아닌 집도 있어요. 3층집인데 1층에는 주인 가족이 살고, 2층과 3층에는 각각 다른 가족이 세를 들어 살아요. 한 채의 집에 층별로 서로 다른 가족이 세 들어 사는 집을 다가구 주택이라고 해요. 한지붕 세 가족이긴 해도 결국 한 채의 집이고 주인도 한 사람이에요. 다중 주택이나 다가구 주택은 처음 지어질 때는 단독 주택이었지만 이후 세를 주려고 원룸으로 다시 짓거나 층별로 세를 주려고 수리를 한 경우예요. 그래서 여러 가구가 살아도 단독 주택으로 분류해요.

한편 공동 주택은 여러 세대가 공동으로 사는 집인데, 다세대 주택, 연립 주택, 아파트 등 세 종류로 나뉘어요. 그중 다세대 주택과 연립 주택은 4층으로 이루어지는데 조금 규모가 작아서 전체 면적 660제곱미터 이하는 다세대 주택, 전체 면적 660제곱미터 초과는 연

단독 주택	단독 주택	단독 주택, 개량 한옥, 전원주택 등
	다중 주택	하숙집, 원룸 등
	다가구 주택	층별로 서로 다른 가족이 사는 집, 대개 3층이 많음
공동 주택	다세대 주택	4층 이하의 공동 주택으로 전체 면적 660제곱미터 이하
	연립 주택	4층 이하의 공동 주택으로 전체 면적 660제곱미터 초과
	아파트	5층 이상의 공동 주택

립 주택이라고 해요. 얼핏 보기에는 다세대 주택인지 연립 주택인지 쉽게 구분하기 어렵지만, 조금 규모가 작으면 다세대 주택, 규모가 크면 연립 주택이라고 보면 돼요. 아파트는 5층 이상의 공동 주택을 말해서 쉽게 알아볼 수 있어요.

단독 주택과 아파트는 쉽게 구분이 가는데, 다가구 주택, 다세대 주택, 연립 주택은 조금 헷갈려요. 그래서 어른들은 이 모두를 뭉뚱 그려 '빌라'라고 말해요. 일단 가장 쉽게 알아보려면 층수를 세어 보아서 3층이면 다가구 주택, 4층이면서 조금 규모가 작으면 다세대 주택, 규모가 큰 편이라면 연립 주택이라고 보면 돼요. 더 정확히 알아보려면 구청이나 주민센터에 가서 등기부 등본이라는 서류를 떼어 확인해 보아야 해요.

주택은 크게 단독 주택과 공동 주택으로 나뉘어요. 단독 주택은 다시 단독 주택, 다중 주택, 다가구 주택으로 나뉘고, 공동 주택은 다세대 주택, 연립 주택, 아파트로 나뉘어요. 다가구 주택과 다세대 주택, 연립 주택을 뭉뚱그려 '빌라'라고 하지요.

30. 재개발과 재건축의 차이가 뭐예요?

 길을 걷다 보면 가끔 '○○지구 재개발 확정' 혹은 '○○아파트 재건축 추진'이라고 쓰인 플래카드를 볼 수 있어요. 재개발과 재건축은 무엇이며 서로 어떻게 다를까요?
 서울을 비롯한 대도시에는 낡은 집들이 몰려 있는 동네가 있어요. 대개 이런 동네는 1960~1970년대에 이루어진 마을인데 이제는 집이 너무 낡아 살기가 불편해요. 지붕에서 비가 새기도 하고 벽이 갈라져 그 틈으로 찬 바람이 들어오기도 해요. 이러다가 집이 무너지는 게 아닌지 겁도 나요. 이렇게 낡은 집은 헐고 다시 지어야겠지요? 그런데 한 집이 아니라 동네의 집이 다들 이렇게 낡았다면 아예 모든 집을 헐어 버리고 아파트 단지를 짓는 것은 어떨까요? 동네의 낡은 집들을 모두 헐고 완전히 새로운 아파트를 짓는 것을 재개발이라고 해요.
 아파트이기는 한데 지은 지 오래되어서 아주 낡고 살기가 불편한 곳도 있어요. 이런 아파트도 헐고 그 자리에 다시 아파트를 지어야겠

지요? 이처럼 낡은 아파트를 헐고 새 아파트를 다시 짓는 것을 재건축이라고 해요. 다시 말해 낡은 주택을 헐고 새 아파트 단지를 짓는 것을 재개발, 원래 아파트이던 것을 헐고 새 아파트로 다시 짓는 것을 재건축이라고 해요.

31. 재개발과 재건축이 좋은 거예요?

낡고 불편한 집에 살다가 그 동네가 재개발 혹은 재건축이 되어 새 아파트에 살게 되면 정말 좋겠지요? 그래서 '경축'이라고 쓰인 현수막까지 내걸고 축하하곤 해요. 그런데 가끔 '재개발을 반대한다'라고 쓰인 안내문도 보여요. 낡은 집 대신 새 아파트가 생기는 일인데 왜 반대를 할까요? 찬찬히 생각해 보아요.

어떤 마을에 낡고 오래된 집이 많아서 마침내 그 동네가 재개발 지구로 정해졌어요. 이제 아파트 단지가 들어설 예정이니 모두 새 아파트에 살게 되었어요. 그런데 이 일이 동네 사람 모두에게 좋기만 한 것은 아니었어요. 새 아파트를 완전히 무료로 지어 주는 게 아니

> 어린 시절에 살던 동네가 사라지는 것은
> 추억이 사라지는 것에서 끝나지 않고 특색 있는
> 동네가 사라지고 온 나라에 똑같은 아파트
> 단지가 들어선다는 점에서 몹시 아쉬워요.
> 그래서 요즘은 전면 철거 재개발보다
> 도심 재생이나 마을 만들기 사업을 벌여요.

어서 아파트를 짓는 데 필요한 돈을 내야 해요. 이것을 분담금이라고 하는데, 상당히 큰 액수의 돈이에요. 갑자기 그렇게 큰돈을 마련할 수 없는 사람들은 어떻게 할까요? 자기가 살던 집을 돈을 받고 넘기게 돼요. 그때 받는 돈을 이주 보상금이라고 하는데, 그 돈으로 다른 동네에 가서 집을 새로 구해야겠지요. 그런데 돈이 생각보다 부족해서 다른 집을 구하기가 쉽지 않아요. 돈이 있는 사람들은 분담금을 내고 새 아파트를 받으면 되지만, 돈이 없는 사람들은 이주 보상금을 받고 다른 동네로 떠나야 해요.

어떤 동네가 재개발이 확정되면 그 동네에 사는 사람들이 모두 새 아파트로 들어갈 수 있는 것이 아니라, 3분의 1 정도만 들어갈 수 있어요. 나머지 3분의 2는 그 동네를 떠날 수밖에 없어요. 그럼 뭔가 이상하지요? 3분의 2가 그 동네를 떠나야 한다면 차라리 재개발을 안 하느니만 못하잖아요? 그래서 가끔 재개발을 반대한다는 현수막이 걸리는 거예요. 하지만 그렇다고 재개발을 전혀 안 할 수도 없어요. 동네가 너무 낡았으니까요. 이럴 땐 어떻게 해야 할까요?

지금까지 우리나라는 오래된 동네를 개발하는 과정에서 '전면 철거 재개발'이라는 방법을 주로 사용했어요. 철거란 건물을 헐어서 없애는 것을 말하는데, 전면 철거란 모두 헐어서 없앤다는 뜻이에요. 불도저가 들어와서 동네를 전부 헐고 새 아파트 단지를 짓는 방식이었지요. 그래서 어린 시절에 살던 동네에 갔더니 아파트로 변해

버렸더라고 말씀하시는 어른도 많아요. 어린 시절에 살던 동네가 사라지는 것은 단순히 추억이 사라지는 것이 아니라, 특색 있는 동네가 사라지고 전국적으로 똑같은 아파트 단지가 들어선다는 점에서 몹시 아쉬워요. 그래서 요즘은 전면 철거 재개발 대신 다른 방법도 쓰고 있어요.

낡은 집을 헐어 내는 대신 집수리를 하게 하거나 개인이 각각 집을 새로 짓되 정부나 지자체에서 어느 정도 지원을 해 주는 것이에요. 이렇게 되면 분담금을 낼 수 없는 사람들도 그 집에 계속 살면서 수리를 하기도 하고, 혹은 실제보다 싼 값으로 새집을 지을 수 있으니까 좋겠지요? 전국적으로 똑같은 아파트 대신 특색 있는 단독 주택을 지을 수도 있고요. 이것을 도심 재생 혹은 마을 만들기 사업 등이라고 부르는데 정부나 지자체에서 지원해 주지요. 요즘은 전면 철거 재개발보다 이러한 도심 재생 혹은 마을 만들기 사업을 많이 벌여요.

우리의 얼굴 모습과 생김새가 모두 다르듯, 마을도 저마다 다른 특색을 지니고 있어요. 그런데 낡았다는 이유로 무조건 헐어 내고 아파트 단지를 짓는다면 장차 우리나라 전체가 아파트로 뒤덮일지도 몰라요. 그래서 도심 재생이나 마을 만들기 사업의 중요성이 더욱 커지고 있답니다.

5 동물도 건축을 하나요?

32. 동물도 건축을 하나요?

사람뿐만 아니라 동물도 집을 지어요. 나뭇가지와 나뭇잎으로 간단한 집을 짓는 동물도 있지만 상당히 크고 정교한 집을 짓는 동물도 있어요. 아프리카에 사는 흰개미는 약 5~6미터 높이의 개미탑을 쌓고 그 안에서 몇만 혹은 몇십만 마리가 살아요. 개미의 크기와 비

교했을 때 5~6미터는 까마득한 높이이고 더구나 몇만 혹은 몇십만 마리가 함께 산다는 것은 집을 넘어 작은 도시 수준이에요. 아직까지 인류는 몇만 명이 살아갈 수 있는 크기의 건축물을 지어 본 적이 없어요. 그렇다면 동물은 왜 집을 지을까요?

첫째, 심한 추위와 더위를 피하거나 혹은 건조한 지역에 사는 동물이 혹독한 기후를 피하기 위해 집을 지어요. 앞서 말한 아프리카흰개미, 아메리카 초원 지대에 사는 프레리도그 등이 그러한 예이지요. 이런 곳은 너무 덥거나 건조해서 자연의 혹독한 기후를 피하려고 집을 짓는 것이라 할 수 있어요.

둘째, 자신을 잡아먹는 천적으로부터 몸을 보호하기 위해 집을 짓는 동물이 있어요. 강이나 호수 같은 물속에 집을 짓는 비버가 그래요. 비버는 물고기가 아니라 포유류이기 때문에 물속은 그다지 익숙한 공간이 아니에요. 그런데도 물속에 댐을 쌓고 집을 짓는 것은 천적인 곰이나 늑대로부터 자신과 새끼를 보호하기 위해서예요.

셋째, 새끼를 낳아 기르기 위해 집을 짓는데 대표적인 동물이 새예요. 우리 주변에서도 나뭇가지 위에 집을 짓는 까치를 쉽게 볼 수 있어요. 지금은 거의 볼 수 없지만 제비는 처마 밑에 집을 지어요. 새끼를 엄마 배 속에서 키워 낳는 포유류와 달리, 새는 알을 낳아 품어야 새끼가 부화한다는 특성이 있어요. 알을 낳은 후에는 계속 품어 주어야 하고 새끼가 알을 깨고 나와도 깃털이 제대로 나지 않아서 날지 못하기 때문에 한동안 둥지에서 머물러야 해요. 새끼는 아주 미숙한 상태로 부화하기 때문에 엄마 아빠 새가 먹이를 물어다 주면서 새끼가 혼자 힘으로 날아갈 수 있을 때까지 돌볼 만한 안전한 둥지가 반드시 필요해요.

넷째, 어떤 무리가 거대한 집단을 이루어 살 때 집이 필요한 경우가 있는데 개미나 벌이 그러한 예예요. 개미는 작은 곤충이지만 몇천 또는 몇만 마리가 큰 무리를 이루어 서로 돕고 일을 나누어 하면서 살아가요. 그렇다면 이 개미들이 한데 모여 살아갈 만한 집이 필요하겠지요? 벌도 마찬가지고요. 이처럼 작은 곤충이 큰 집단을 이루어 살아갈 때 그들이 함께 살기 위한 장소로서 집이 필요해요.

요약해 보면 동물이 집을 짓는 이유는 ①자연의 혹독한 환경을 피하기 위해서, ②천적으로부터 자신을 보호하기 위해서, ③새끼를 낳아 기르기 위해서, ④큰 무리가 집단을 이루어 살아가기 위해서였어요. 그럼 이들이 지은 집을 좀 더 자세히 살펴보기로 해요.

프레리도그는 자연의 혹독한 기후를 피하려고, 비버는 천적으로부터 자신과 새끼를 보호하려고 집을 지어요. 새는 알을 낳아 부화한 새끼를 돌보려고, 개미와 벌은 무리를 이루어 살아가려고 집을 지어요.

33. 프레리도그는 왜 지하에 굴을 파고 집을 지을까요?

지하 도시 건설은 프레리도그 건설사에 맡기기로 했어요.

아무리 봐도 쥐 같은데….

1910년대 초반 미국 텍사스 초원에서 굴이 하나 발견되었어요. 굴의 구멍은 10~20cm 정도로 좁았지만 땅속은 미로처럼 얽혀 있었고 길이가 403km, 폭이 101km에 이르렀어요. 이 굴을 만든 것은 사람이 아니라 프레리도그라는 작은 동물이었어요. 그때 미국 인구가 8

천만 명이 채 되지 않았는데, 그 초원에 살던 프레리도그는 4억 마리 정도였으니 이는 마을이라기보다 큰 나라라고 볼 수도 있어요. 프레리도그는 '초원의 개'라는 뜻이고, 우리말로는 '땅다람쥐'라고도 부르는 설치류의 동물이에요. 무리를 지어 살면서 늑대나 독수리 같은 적을 만나면 개처럼 컹컹 짖어 그런 이름이 붙었지만 실제로는 다람쥐의 한 종류예요. 수컷 한 마리에 서너 마리의 암컷과 어린 새끼들로 이루어진 10~20마리가 한 가족을 이루어 살아요. 프레리도그는 왜 지하에 굴을 파고 집을 지을까요?

우리나라는 어디서나 나무가 잘 자라지만 지구상에는 물이 부족하고 건조해서 나무는 자라지 못하고 풀만 자라는 곳이 있어요. 이를 초원 지대라고 하는데, 이런 곳에 살면 천적의 눈에 띄기 쉬워요. 특히 미국의 초원 지대는 독수리나 코요테(늑대의 한 종류)의 위협이 큰 곳이에요. 그래서 땅속에 굴을 파고 집을 짓는 것이 가장 안전해요. 땅속에 집을 지으면 여름의 뜨거운 햇볕을 피할 수 있고 겨울에도 춥지 않거든요. 특히 눈이 내리면 쌓인 눈이 솜이불 역할을 해서 더 포근해져요. 그래서 초원에 사는 동물은 땅을 파고 집을 짓는 경우가 많은데 프레리도그도 그중 하나예요.

한 가족이 하나의 굴을 파는데 통로의 폭은 10~20cm 정도이고, 방의 크기는 길이가 40cm, 너비는 30cm 정도의 둥그런 달걀 모양이에요. 이러한 방이 여러 개 있어서 잠자는 방, 새끼를 낳아 기르는 방, 먹이를 저장하는 방, 대소변을 보는 방 등으로 나누어 사용해요. 그중에 잠자는 방에는 마른 풀을 깔아서 푹신푹신하게 하고 특히 새끼를 기르는 방에는 더욱 부드러운 풀을 깔아서 새끼를 보호해요. 이런 방이 여러 개 모여 굴 하나를 이루는데, 굴의 평균 길이는 12m 정도예요.

굴을 만드느라 파낸 흙가루가 땅 위에 두둑하게 쌓이는데, 프레리도그가 그 위에 올라앉아 망을 보다가 코요테나 뱀, 독수리 등이 나타나면 개처럼 컹컹 짖어요. 그러면 이웃의 다른 프레리도그도 함께 따라 짖으면서 땅속 집으로 도망가요. 무리 중에 천적을 발견한 누군가가 짖으면 마을 전체의 프레리도그가 다 땅속으로 들어가 숨을 수 있겠지요? 그래서 이들이 마을을 이루어 살아가는 거예요.

초원에 사는 동물은 땅을 파고 집을 짓는 경우가 많아요. 나무가 자라지 못하는 초원에서는 천적의 눈에 띄기 쉽거든요. 게다가 땅속에 집을 지으면 여름에 뜨거운 햇볕을 피할 수 있고 겨울에도 춥지 않아요.

34. 비버는 왜 개울이나 강 가운데에 집을 짓나요?

알래스카에서 멕시코에 이르기까지 아메리카 대륙 전체에 걸쳐 살아가는 비버는 몸길이 60~70cm, 몸무게 20~27kg의 설치류에 속하는데, 댐을 쌓아 물속에 집을 짓는 것으로 유명해요. 본래 육지에서 살지만 물속에서 헤엄을 아주 잘 치며 앞발을 거의 손처럼 쓸 수 있어요. 특히 턱과 이빨이 강해서 지름 60cm의 나무도 이빨로 갉아서 쓰러뜨리고 그 나무를 앞발로 잡아 옮길 수 있어요.

비버는 코요테나 곰, 수달, 늑대 같은 천적이 다가오지 못하도록 개울이나 강 가운데 집을 지어요. 그런데 이런 곳에 집을 지으면 물살에 쓸려 내려갈 위험이 있어요. 그래서 하천의 상류에 물살을 약하게 하기 위한 댐부터 먼저 쌓아요. 튼튼한 이빨로 나무를 갉아 쓰러뜨린 후 잔가지를 다듬어서 통나무를 만들고 이것을 강 상류로 가져가요. 강의 진흙 바닥에 통나무를 꽂은 뒤, 그 위에 계속 통나무를 쌓아 올려서 댐을 만들어요. 댐의 높이가 2m쯤 되면 물살이 조금 약해지죠. 그럼 그 아래쪽에 집을 지어요. 댐을 쌓을 때와 마찬가지로 통나무를 하천 바닥에 꽂은 뒤 그 위에 계속 통나무를 쌓아 올리면서, 사이사이에 자갈과 돌을 넣어 튼튼히 만들어요. 이렇게 통나무를 계속 쌓아 올리면 하천 한가운데 인공섬이 볼록 솟아오르는데 그 위에 집을 짓는 거예요.

집의 입구는 곰이나 코요테가 들어오지 못하도록 물속에 만들어

놓고, 물속에서 나온 비버가 물기를 털어 내는 방을 먼저 만들어요. 먹이도 이곳에서 먹고요. 그다음으로 조금 높은 곳에 잠자는 방을 만들고, 제일 높은 곳에 새끼를 낳아 기르는 방을 만들어요. 방의 넓이는 1.8~2.4㎡, 높이는 30~60cm로 한두 마리의 비버가 생활하기에 적당한 크기예요. 이렇게 서너 개의 방이 만들어지면 그 위에 나뭇가지들을 덮어서 위장해요. 그래서 비버의 집은 물 위에 2m 정도 볼록 솟아 있는 언덕처럼 보이기도 하는데, 이렇게 물 한가운데 집이 있기 때문에 천적들이 접근하지 못해서 안전해요. 특히 새끼를 보호하기 위해 새끼를 기르는 방은 맨 위쪽에 만들어서, 비가 많이 와서 물이 불어나도 새끼들 방은 물에 잠기지 않아요. 그러다가 몇 년이 지나면 비버의 댐과 집이 하천의 흐름을 바꾸었기 때문에 하천에 흙이 점점 쌓여서 수위가 올라요. 그때쯤 되면 비버는 그 집을 떠나 새로운 곳에 다시 댐을 쌓고 집을 지어요.

비버는 천적을 피하려고 개울이나 강 가운데 집을 지어요. 먼저 하천의 상류에 댐을 쌓아 물살을 약하게 하고 그 아래쪽에 집을 짓지요. 물기를 털고 먹이를 먹는 방을 만들고 그 위에 잠자는 방을 만들어요. 맨 위에 새끼를 낳아 기르는 방을 만들고 나뭇가지를 덮어 위장해요.

35. 새들은 집을 어떻게 짓나요?

겨울이 되어 앙상한 나무를 보노라면 나뭇가지 위에 잔가지들로 둥그렇게 뭉쳐진 것이 있어요. 바로 까치가 지은 집이에요. 까치는 잔가지를 물어다가 나뭇가지 위에 집을 짓고 사는데 우리 주변에서도 쉽게 볼 수 있어요. 그래서 우리가 머리를 빗지 않아 헝클어져 있으면 어른들이 "머리에 까치집을 지은 거 같다."라고 해요. 까치집의 지름은 60~70cm 정도여서 암수 두 마리와 어린 새끼들이 살기에 적당해요. 본래는 나무 위에 집을 짓지만 도시에서는 전봇대 위에 짓기도 하는데, 잔가지를 구하기 힘들면 나무젓가락, 이쑤시개, 연필 등을 물어다 지어요. 심지어는 철사, 못, 옷걸이처럼 쇠로 된 것을 물어다 짓기도 해요.

동물 중에서 집을 가장 많이 짓는 것은 새 종류인데 나뭇가지를 물어다가 나무 위에 짓는 새가 가장 많아요. 새의 몸집이 커질수록 둥지의 크기도 함께 커지는데 새 둥지 중에서 가장 큰 것은 독수리가 지은 집이에요. 미국에 사는 대머리독수리의 둥지는 모양은 까치집과

비슷하지만 크기가 매우 커서 지름이 3m고, 무게는 1,000kg까지 나가요. 이 정도 크기라면 사람도 누울 수 있어요. 우리가 사용하는 공부방 하나의 크기가 대략 가로세로 3×2m인 경우가 많거든요.
 독수리는 몸집이 크고 힘이 센 만큼 잔가지가 아니라 커다랗게 자른 나무로 집을 지어요. 길이 2m의 나무도 두 발로 집어 올릴 수 있

거든요. 둥지를 틀 만한 큰 나무를 골라서 나뭇가지를 차곡차곡 쌓은 후, 사이사이에 부드러운 풀과 깃털을 깔아서 틈을 메워요. 그 위에 알을 낳고 새끼가 부화할 때까지 품어요.

한편 제비는 처마 밑에 집을 짓는데 부리로 진흙을 이겨 만든 덩어리를 하나하나 붙여 집을 지어요. 진흙으로 짓긴 했어도 처마가 지붕 역할을 해 주기 때문에 비를 맞지 않아서 진흙이 쓸려 내려가지 않아요.

자신의 침(타액)으로 집을 짓는 새도 있어요. 중국 남부와 동남아시아 등에 사는 칼새인데, 커다란 동굴 속 높은 천장에 집을 지어요. 칼새의 침은 희고 끈적끈적하지만 마르면 딱딱해져요. 칼새의 집을 채집해다가 요리를 하기도 하는데, 그것이 바로 유명한 중국 요리 중 하나인 제비집 수프예요. 칼새가 제비와 비슷해 보여서 그런 이름이 붙었지만 실은 제비가 아니라 칼새가 지은 집이에요.

새들이 집을 짓는 이유는 새끼를 기르기 위해서예요. 새는 알을 낳는데 부화할 때까지 계속 품어야 해요. 그동안 아빠 새가 먹이를 물어다 엄마 새에게 먹여요. 얼마 후 새끼가 알을 깨고 나와요. 갓 부화한 새끼는 몸에 깃털이 하나도 없어 날 수 없어요. 그래서 엄마 아빠 새가 먹이를 물어다가 새끼를 길러야 해요. 어린 새가 자라서 혼자 힘으로 날아갈 때까지요. 조그만 알에서 깨어난 새끼가 날 수 있을 때까지 안전하게 기르고 보살필 둥지가 반드시 필요해요.

36. 개미와 벌은 어떻게 집을 짓나요?

집을 짓는 곤충 중에 가장 유명한 것은 개미와 벌이에요. 이들의 집은 규모가 매우 커서 몇만 혹은 몇십만 마리가 살아갈 집을 짓기도 해요. 우리 주변에서 쉽게 찾아볼 수 있는 개미는 땅속에 집을 지어요. 그래서 마당이나 꽃밭에서 개미집을 볼 수 있어요. 개미는 무리를 지어서 살아가는데 무리의 크기는 종류별로 달라서 적게는 수십 마리에서 많게는 백만 마리가 무리를 이룰 때도 있어요. 하나의 무리는 한 마리의 여왕개미가 낳은 가족이에요. 개미의 집은 크게 두 가지로 나뉘는데, 추운 지방에서는 주로 땅속에 집을 짓고 더운 지방에서는 땅 위에 개미탑을 쌓아요. 우리나라는 겨울에 춥기 때문에 추위를 피해 땅속에 집을 지어요. 마당이나 꽃밭에 흙이 불룩 솟아 있고 주변에 많은 개미가 바쁘게 오가는 모습을 볼 수 있지요? 그러면 그곳에 개미집이 있는 거예요. 개미집에는 통로를 중심으로 여왕개미가 알을 낳는 방, 알에서 나온 새끼 개미를 기르는 방, 밖에서 물고 온 먹이를 저장하는 방, 쓰레기를 따로 모아 두는 방 등 많은 방이 있어요.

　아프리카에 사는 흰개미는 높은 개미탑을 쌓는데 큰 것은 높이가 6m에 이를 때도 있어요. 집을 지을 때는 맨 처음 여왕개미와 신랑개미 한 쌍이 땅속에 조그만 구멍을 파서 방을 만든 뒤 알을 낳아요. 몇 주 뒤 알에서 깨어난 개미들이 많아지면 이들이 일개미가 되어 땅 위에 개미탑을 쌓아 올려요. 흙에 침을 섞어 만든 반죽으로 개미탑을 쌓는데 이것은 콘크리트와 비슷해서 반죽이 마르면 돌덩이처럼 굳고 튼튼해져요. 6m짜리 개미탑에 사람이 매달려도 무너지지 않을 정도래요. 개미탑 안에는 여러 개의 통로와 수많은 방이 있고 아프리카의 더운 열기를 식혀 줄 환기 시설까지 갖추어서 하나의 거대한 도시와 같아요. 몇십만 마리가 그 안에서 함께 살아가니까요.

　개미와 가장 비슷한 곤충이 벌인데, 한집에 사는 벌들도 모두 여왕벌과 그 신랑벌이 낳은 자식들이에요. 벌 중에서 가장 많이 알려진 것이 꿀벌인데 대개 5만~8만 마리가 한 무리를 이루어서 살아가요. 일을 하는 일벌의 배에는 네 개의 밀랍 샘이 있는데, 여기서 나오는 밀랍으로 집을 지어요. 벌집은 여왕벌이 알을 낳는 방, 알에서 나온 새끼 벌을 기르는 방, 꿀을 저장하는 방 들로 이루어져요. 벌집은 육각형의 방들이 다닥다닥 붙어 있는데, 육각형은 공간을 낭비 없이 가장 효율적으로 이용하는 방법이에요. 벌 중에 말벌이라 알려진 크고 무서운 벌이 있는데, 이들은 꿀벌과는 조금 다르게 집을 지어요. 꿀벌이 밀랍으로 집을 짓는다면 말벌은 나무를 씹어서 침과 섞어 반죽한 걸쭉한 것을 다시 뱉어 내어 공처럼 둥글게 생긴 집을 지어요. 여왕벌과 신랑벌이 맨 처음 지은 집은 탁구공처럼 조그맣지만 일벌이 점점 많이 태어나면서 집도 그 위에 켜를 쌓아서 나중에는 농구공처럼 커져요. 사람이 10~20층의 높은 집을 짓듯이 말벌의 집도 몇 겹의 층으로 이루어지는데, 벌이 나무를 씹어서 만든 펄프가 원재료예요.

개미와 벌은 몇만 마리가 무리를 지어서 살아가는데 이들은 서로 일을 나누어서 하고 협동하기도 해요. 이들이 한데 모여 협동하기 위해서 서로 힘을 모아 그렇게 큰 집을 짓는 거예요.

아프리카 흰개미는 흙에 침을 섞어 만든 반죽으로 개미탑을 쌓아요. 반죽이 마르면 돌덩이처럼 굳고 튼튼해서 6m짜리 개미탑에 사람이 매달려도 무너지지 않는대요. 놀랍게도 개미탑 안에는 아프리카의 더운 열기를 식혀 줄 환기 시설까지 갖추었답니다.

37. 동물이 지은 집을 왜 알아야 해요?

지금까지 사람이 아닌 동물이 지은 집을 알아보았어요. 건조한 지역에 사는 아메리카 프레리도그는 지하에 굴을 파고 집을 짓는데, 이러한 집이 많아서 하나의 지하 도시를 이루었어요. 비버는 우선 하천의 상류에 댐을 쌓아 물살을 약하게 한 뒤 집을 지었고요. 까치는 나무 위에 둥지를 트는데, 몸집이 큰 독수리는 지름이 3m나 되는 큰 둥지를 지었어요. 독수리 둥지의 수명이 30~40년 정도라는데 이는 사람이 지은 집의 수명과 비슷해요. 개미와 벌은 몇만 마리가 함께 살아갈 만한 집을 짓는데 이 정도라면 집이라기보다 소도시에 가까워요. 그런데 우리가 왜 이런 동물이 지은 집을 알아야 할까요?

만약에 지구의 환경이 변하거나 혹은 전혀 다른 환경에서 살아야 할 때를 대비하기 위해서예요. 지금 지구 온난화가 큰 문제가 되고 있어요. 지구의 기온이 매년 조금씩 높아지면 남극과 북극의 빙하가 녹아서 해수면이 점점 올라가고, 그러면 물에 잠기는 도시가 생길 수도 있어요. 바닷가의 도시라든가 이탈리아의 베네치아처럼 낮은 지대에 위치해서 시내 곳곳에 수로가 많은 도시는 물에 잠길 거예요. 그때 물 위에 지은 비버의 집에서 아이디어를 얻을 수도 있어요. 하천의 상류에 댐을 쌓아 물살을 조절하고 물속에 기둥을 박아 기초를 다지는 방법에 대해서 말이지요. 아니면 차라리 더 높은 곳에 올라가서 집을 짓는 방법도 있어요. 나무 위에 집을 짓는 까치나 독수리처럼 커다란 콘크리트 기둥을 세운 뒤 그 위에 집을 짓는 방법도 생각해 볼 수 있어요.

  아울러 아주 혹독한 환경이나 인류가 한 번도 살아 보지 않은 곳에 집을 지어야 할지도 몰라요. 인류는 지구 곳곳에 살고 있지만 그중 환경이 좋은 곳에서 살지, 사막에서는 살지 않아요. 아프리카와 미국, 몽골 등에는 사막이 많아요. 만약 지구의 환경이 변하거나 혹은 큰 전쟁이나 재앙으로 지금 우리가 살고 있는 도시에서 더는 살아갈 수 없다면, 사막에서 살아야 할지도 몰라요. 그렇다면 어떤 집을 지어야 할까요? 땅 위에 짓는 집보다는 뜨거운 햇볕과 모래바람을 피해서 지하에 집을 지을 수도 있어요. 마치 아메리카 초원의 프레리도그처럼 말이에요. 아니면 인류가 전혀 살아 보지 않았던 새로운 환경에서 살아야 할 수도 있어요. 미래에는 화성이나 달에 집을 지어야 할지도 몰라요. 지금 당장은 인류가 화성이나 달에 이주해 살아갈 일은 없지만, 연구나 조사를 위해 연구원의 기지가 필요할 수도 있어요. 지금 남극에는 사람이 이주하지는 않았지만 연구와

조사를 위해 곳곳에 기지를 건설하여 연구원들이 생활하고 있잖아요? 연구원들이 남극에서 몇 달이나 몇 년을 머물기 위해 집이 필요하듯, 화성이나 달을 연구하기 위해 기지를 건설할 때도 우주 연구원들이 살아갈 집을 지어야 해요. 그곳은 공기가 희박하고 환경이 지구와는 전혀 다르기 때문에 집을 한 채씩 짓는 것이 아니라 몇천 명이 함께 살아갈 대형 건물을 지어야 해요. 이럴 때 몇십만 마리가 함께 살아가면서 환기 시설까지 갖춘 아프리카 흰개미의 개미탑에서 아이디어를 얻을 수도 있겠지요?

지금은 공상 과학 영화에나 나올 법한 이야기로 들릴지 몰라도 미래는 무한히 열려 있고, 여러분은 그 세상 속으로 매일 한 걸음씩 나아가고 있어요.